O PRINCÍPIO DA IGUALDADE
E O ERRO PENAL TRIBUTÁRIO

L896p Lovatto, Alecio Adão
O princípio da igualdade e o erro penal tributário / Alecio
Adão Lovatto. – Porto Alegre: Livraria do Advogado Editora,
2008.
156 p.; 23 cm.

ISBN 978-85-7348-570-7

1. Direito penal tributário. 2. Erro. 3. Isonomia constitucional. I. Título.

CDU – 336.2:343.2

Índices para o catálogo sistemático:
Direito penal tributário   336.2:343.2
Isonomia constitucional   342.722
Erro (Direito penal)   343

(Bibliotecária responsável: Marta Roberto, CRB-10/652)

Alecio Adão Lovatto

O PRINCÍPIO DA IGUALDADE E O ERRO PENAL TRIBUTÁRIO

Porto Alegre, 2008

© Alecio Adão Lovatto, 2008

Capa, projeto gráfico e diagramação
Livraria do Advogado Editora

Revisão
Rosane Marques Borba

Direitos desta edição reservados por
Livraria do Advogado Editora Ltda.
Rua Riachuelo, 1338
90010-273 Porto Alegre RS
Fone/fax: 0800-51-7522
editora@livrariadoadvogado.com.br
www.doadvogado.com.br

Impresso no Brasil / Printed in Brazil

Para Elaine,
Aline, Márcio e Lorenzo,
Gisele, João Carlos e Henrique,
Daniel e Carolina,
pela família que me proporcionam.

Agradeço ao Dr. Ângelo Ilha, pela paciência e orientação.

Agradeço aos professores, pelos novos horizontes.

Agradeço aos colegas, pelo convívio.

Siglas e abreviaturas

ADIN	Ação direta de Inconstitucionalidade
BverfGE	Tribunal Constitucional Federal
CB	Constituição brasileira
CE	Constituição espanhola
CTN	Código Tributário Nacional
HC	*Habeas corpus*
ICMS	Imposto sobre Circulação de Mercadorias
IOF	Imposto sobre Operações Financeiras
IPTU	Imposto Predial e Territorial Urbano
ITBI	Imposto de Transmissão de Bens Imóveis
OwiG	Lei de Contravenções
RESP	Recurso Especial
S.A.	Sociedade Anônima
STF	Supremo Tribunal Federal
STJ	Superior Tribunal de Justiça

Sumário

Introdução 13

1. O princípio da igualdade 19

1.1. Fases da evolução do conceito 20

1.2. Conceito 24

1.3. Igualdade como fundamento da democracia 27

1.4. Igualdade perante a lei 32

    1.4.1. Igualdade perante a lei ou na criação da lei 34

    1.4.2. Igualdade na aplicação da lei 37

1.5. Igualdade formal e igualdade material 39

    1.5.1. Igualdade formal 40

    1.5.2. Igualdade material 42

1.6. Igualdade como relação: o termo de comparação 44

    1.6.1. Identificação do termo de comparação 48

    1.6.2. Análise da adequação 50

    1.6.3. Aceitação 50

1.7. Igualdade como valor, princípio ou direito fundamental 51

    1.7.1. Igualdade como valor superior 51

    1.7.2. Igualdade como princípio 52

    1.7.3. Igualdade como direito fundamental 53

1.8. A Igualdade na Teoria da Justiça (Rawls) e na Teoria dos
Direitos Fundamentais (Alexy) 55

    1.8.1. A igualdade na Teoria da Justiça de Rawls 55

    1.8.2. O princípio da igualdade na teoria dos
Direitos Fundamentais de Alexy 59

        1.8.2.1. As fórmulas do Tribunal Constitucional Alemão 61

        1.8.2.2. Tratamento igual e desigual 62

        1.8.2.3. A máxima de igualdade e a valorização 63

        1.8.2.4. Igualdade de direito e igualdade de fato 63

        1.8.2.5. A estrutura dos direitos de igualdade como
direitos subjetivos 65

    1.8.3. Aproximações e diferenças 66

2. Igualdade tributária e igualdade penal tributária 67

2.1. A capacidade contributiva como termo de comparação 68

2.2. O Direito Tributário como instrumento da igualdade 76

2.3. A igualdade penal tributária 77

2.4. Tratamento diferente na lei penal tributária 82

3. Erro penal e erro penal tributário 89

3.1. Espécies de erro 92

3.2. Erro de Tipo 97

    3.2.1. Erro de tipo essencial e erro de tipo acidental 102

        3.2.1.1. Erro de tipo essencial 103

        3.2.1.2. Erro de tipo acidental 103

    3.2.2. Erro de tipo evitável e erro inevitável 106

    3.2.3. Erro de tipo e erro de subsunção – diferenciação 107

    3.2.4. O erro de tipo e a Lei nº 8.137/90 108

3.3. Erro de proibição 111

    3.3.1. Conceito 111

    3.3.2. Erro de proibição evitável e inevitável 115

        3.3.2.1. Erro de proibição escusável ou inevitável 115

        3.3.2.2. Erro de proibição inescusável ou evitável 116

            3.3.2.2.1. O motivo para assessorar-se 122

            3.3.2.2.2. A medida necessária dos esforços
para assessorar-se 123

            3.3.2.2.3. Outras situações 124

    3.3.3. O erro de proibição direto e indireto 125

    3.3.4. O erro mandamental 127

3.4. Das descriminantes putativas 135

    3.4.1. O conhecimento da ilicitude – teorias 135

    3.4.2. As descriminantes putativas no Direito Penal 137

    3.4.3. As descriminantes putativas e o Direito Penal Tributário 141

    3.4.4. O erro provocado nas descriminantes putativas 142

Conclusão 145

Referências 153

Introdução

O presente trabalho objetiva pesquisar, na área do Direito Penal Tributário, o erro, relacionado com o princípio da igualdade inserido no artigo 5°, *caput*, da Constituição Federal, no âmbito dos Direitos Fundamentais. Apesar de haver várias obras sobre o erro, especificamente, em relação ao erro penal tributário, quase nada se tem, à exceção de obras como a de Maiwald (*Conocimiento del Ilícito y Dolo en el Derecho Penal Tributario*)[1] e a de Vittò (*L'errore nel Diritto Penale Tributario*).[2] Se todos são iguais perante a lei, não se entende por que o erro não é objeto de estudo em relação aos crimes tributários. Há aplicabilidade do erro da teoria geral do crime ao erro penal tributário, em face da ausência de uma norma específica. Haveria razão para se dar tratamento diferenciado ao autor de crime tributário? Não estaria ele, também, sujeito à prática do erro, especialmente, em razão da complexidade do direito tributário? O erro praticado ou alegado pelo contribuinte, pessoa física, seria igual ao erro do representante da pessoa jurídica, do contador e dos diretores de S.A.? Deveria ser igual? Qual a razão de um tratamento diferenciado? O dever de informar-se do contribuinte e o dever de informar e de evitar o resultado do contador e dos administradores são suficientes para que haja tratamento desigual? Existindo tratamento desigual, fere ele a Constituição?

Na esfera penal tributária, há divergência quanto às pessoas físicas e às pessoas jurídicas no que concerne à obrigatoriedade de se assessorar com pessoa habilitada para que a empresa preste corretamente as informações legais tributáveis? Tal não é exigível, legalmente, das pessoas físicas? Pergunta-se, então, se havendo a obrigatoriedade de informar-se pelo assessoramento, qual o reflexo

---

[1] MAIWALD, Manfred. *Conocimiento del ilícito y dolo en el derecho penal tributario*. Traducción Marcelo A. Scinetti. Buenos Aires: Ad Hoc, 1997.

[2] VITRÒ, Silvia. *L'errore nel diritto penale tributario*. Milano: Cedam, 1995. A obra está desatualizada, em relação ao Direito Penal brasileiro, por adotar o Direito Penal italiano e o autor analisar a antiga distinção entre o erro de fato e o erro de direito.

de tal obrigatoriedade na análise da existência do erro de tipo e no de proibição. Se há divergência quanto à pessoa física, ré pela administração da pessoa jurídica, e a pessoa física quando ela própria declara seus rendimentos?

Aliás, o próprio princípio da igualdade como se apresenta no Direito Tributário? É ele observado quando a lei estabelece divergência de alíquotas? Há isenções para alguns e imunidade para outros? Há, pois, ofensa à Constituição?

Se há divergências tão significativas, na área penal tributária, o erro teria aplicação igual ou diversa? O erro extrapenal e o erro penal teriam a mesma conseqüência?

Há, portanto, duas questões básicas a serem enfrentadas: a igualdade e o erro penal. A igualdade apresenta-se como valor superior, como princípio fundamental e como direito fundamental. É ao mesmo tempo um procedimento, uma questão relacional, que exige a existência de um *tertium comparationis* para se proceder à comparação, mas, também, é um direito subjetivo de o cidadão exigir das autoridades e do próprio legislador tratamento igual ao dado a outro cidadão. Na verdade, difícil é conceituar a igualdade. Tudo depende do prisma de que se analisa. Diferentes prismas têm ensejado classificações diversas: a igualdade formal ou igualdade material, igualdade na lei e igualdade na aplicação da lei.

Embora a distinção entre igualdade material e formal seja criticada, ela está de tal forma arraigada na doutrina da igualdade que é impossível analisá-la sem se cogitar da igualdade formal e da igualdade material, e, na busca desta, desde que haja uma justificativa razoável, é possível haver tratamento desigual. Este passa a ter por objetivo, exatamente, a igualdade efetiva, concreta, material. Afasta-se, convém acentuar desde logo, a igualdade absoluta. Se a condição humana, a dignidade humana estabelece o liame entre todas as pessoas, o que inicialmente as caracteriza é justamente a desigualdade que há entre elas, a ponto de se identificar cada uma pelas suas impressões digitais, afirmando-se serem todas elas diferentes.

Como a igualdade se apresenta não somente como um direito fundamental, mas como uma forma para sua identificação, como uma relação, convém analisar os passos e requisitos exigíveis para que se estabeleça a comparação e se possa dizer se houve observância da igualdade ou não, com base nos dois princípios fundamentais, originados desde Aristóteles, de que os iguais devem ser tratados de forma igual, e os diferentes de forma diversa, desde que exista uma razão para tal. Nesse ponto, fundamental é a obra de Gavara de Cara

– *Contenido y Función del Término de Comparación en la Aplicación del Princípio de Igualdad* – na análise do termo de comparação.

O princípio da igualdade não tem somente uma dimensão positiva em que se determina um tratamento igual. Deve-se analisar o princípio da igualdade em sua dimensão negativa, especialmente as proibições impostas ao legislador, conforme Alexy.[3] É necessário compreender que o princípio da igualdade não é uma norma de caráter exclusivamente positivo a determinar que sempre haja um tratamento igual, mas ele implica uma proibição, em todas as situações, de haver tratamento desigual, sem que haja uma justificação razoável e racional.

Consigne-se a existência de dois enfoques dados pela teoria dos direitos fundamentais e o da teoria da justiça. Destacam-se os enfoques dados por Alexy em sua teoria dos direitos fundamentais e o enfoque dado por Rawls em sua teoria da justiça. Convém uma breve abordagem dessas duas posições para se compreender melhor as diversas manifestações doutrinárias sobre a igualdade.

Mas, apesar das dificuldades, necessário é que haja, inicialmente, a delimitação do significado do direito fundamental da igualdade. Apreendido o princípio da igualdade, há que se examinar, no Direito Tributário, se ele é observado ou como ele se apresenta. Qual é o termo de comparação fundamental do Direito Tributário? No Direito Tributário, verifica-se que é o princípio da capacidade contributiva o elemento que leva a um tratamento desigual entre os contribuintes ou a um tratamento igual. Entretanto o contribuinte não é o fator que estabelece a igualdade, porquanto entre eles há igualdade no sentido de que todos devem contribuir, mas é a capacidade contributiva do contribuinte que permite ou proíbe diferenciações, já que todos devem contribuir na medida de sua capacidade contributiva. E são essas diferenciações que conduzem a um tratamento desigual entre desiguais. Impõe-se, também, verificar os princípios norteadores da Constituição para acabar com as desigualdades regionais, fazendo uso da tributação. A capacidade contributiva é de grande relevância. Ela é o *tertium comparationis* para aferição da igualdade na área tributária: não pode haver tratamento desigual para capacidades contributivas iguais, nem pode haver tratamento igual para capacidades contributivas diferentes.

Posto isso, faz-se necessária a análise do princípio da igualdade no Direito Penal Tributário, tendo em vista ser uma lei penal em branco. Portanto, impõe-se pesquisar de que forma e em que inten-

---

[3] ALEXY, Robert. *Teoría de los derechos fundamentales*. Traducción Ernesto Garzón Valdés. Madrid: Centro de Estúdios Constitucionales, 2002, p. 390.

sidade os institutos de Direito Tributário, v.g., princípio da capacidade contributiva, imunidade, isenção, dever de informar-se e de informar se refletem no Direito Penal. Mais, as normas especiais previstas na legislação dos crimes tributários, como extinção da punibilidade, majorantes e minorantes, atendem elas ao princípio da igualdade ou estabelecem elas mais uma discriminação?

Finalmente, impõe-se a análise, na doutrina tradicional, do erro, em suas duas modalidades: erro de tipo e erro de proibição, sua aplicação no Direito Penal Tributário em face das divergências que se constatam em relação ao princípio e que resultam de tratamento desigual para situações desiguais. Nossa legislação abandonou a dicotomia erro de fato e erro de direito, bem como a permanência de problemas insolúveis, apesar da mudança de enfoque. Daí o enfoque das diversas teorias. Registra-se, segundo Figueiredo Dias, o abandono, na doutrina e na legislação portuguesa, do binômio erro de tipo e erro de proibição, optando por novo enfoque do erro.

Faz-se necessária a abordagem da lei penal em branco, em face da necessidade de se buscar, no direito extrapenal, os conceitos que integram o tipo penal, examinando-se os reflexos das normas de conduta em relação ao Direito Penal. Além disso, há que se examinar o dever de informar e o dever de se informar e sua repercussão no Direito Penal Tributário. Assim, questiona-se se o tratamento desigual que existe, especialmente em razão do dever de informar-se ou de informar, não ofende o direito fundamental do agente do crime tributário ao tratamento igual dado aos outros réus.

Interessante é a questão das descriminantes putativas. Divergem os doutrinadores se o erro sobre elas afasta o dolo e conseqüentemente o tipo ou se, constituindo erro de proibição, afasta a culpabilidade. A adoção, mencionada pelo elaborador da reforma – Francisco de Assis Toledo – da teoria limitada da culpabilidade afastaria as dúvidas e questões conflitantes? Um estudo mais detido afasta a idéia de que a matéria ficou resolvida. Por outro lado, todas elas seriam aplicáveis aos crimes tributários? Evidentemente que não. A únicas eximentes plausíveis para os crimes tributários seriam o estado de necessidade e exercício regular de um direito ou pode-se cogitar de legítima defesa na área tributária?

Da análise do que é erro de Direito Penal Tributário e sua relação com as questões anteriores de igualdade emerge como relevante a influência que têm o dever de informar e o dever de se informar na vencibilidade ou invencibilidade do erro. Trata-se de duas situações distintas cujo resultado distinto não ofende ao princípio da igualdade, mas o afirmam, uma vez que a situações diversas não há como dar a mesma conseqüência jurídica.

Enfim, apesar de pouco abordada a questão do erro penal tributário, o princípio da igualdade enseja a aplicabilidade do erro previsto na parte geral do Código Penal aos delitos tributários.

1. O princípio da igualdade

A questão da igualdade emerge da própria condição humana. O homem, como ser racional, questiona-se sobre o porquê de um tratamento desigual havido ou prestes a ocorrer se, na situação concreta, inexiste elemento algum a justificar a diferenciação. Nenhum ser humano admite ser discriminado.[4] Qualquer um quer saber por que foi tratado de forma desigual. Esse questionamento é antigo, relacionando-se desde os tempos remotos, época em que Aristoteles identificava a igualdade com a justiça,[5] e tal colocação perdura até hoje, porquanto "a *justiça* invoca sempre a idéia de *igualdade*, seja como direito a igual tratamento, direito a iguais atribuições de bens e a igualdade de oportunidades".[6]

A igualdade aparece, segundo Jorge Miranda, com grande relevância, entre os grandes temas da Filosofica do Direito e da Teoria do Estado. Desde os primórdios, igualdade está imbricada com justiça na linha da análise aristotélica, depois pela Escolástica, como por todas as correntes posteriores de Hobbes e Rousseau a Marx e Rawls. Para Miranda, igualdade "é redifinir as relações entre pessoas e entre normas jurídicas; é indagar da lei e da generalidade da lei".[7] Bobbio diz que "o conceito e também o valor da igualdade mal se distinguem do conceito e do valor da justiça na maioria de suas acepções, tanto que a expressão *liberdade e justiça* é freqüentemente

---

[4] Dworkin afirma que "os indivíduos têm direito à igual consideração e ao igual respeito no projeto e na administração das instituições políticas que os governam. Este é um direito extremamente abstrato..." (DWORKIN, Ronald. *Levando os direitos a sério*. São Paulo: Martins Fontes, 2002, p. 279).

[5] ATIENZA, Manuel. *El sentido del derecho*. Barcelona: Ariel, 2004, p. 173. MARTÍNEZ TAPIA, Ramón. *Igualdad y razonabilidad en la justicia constitucional española*. Almería: Universidad de Almería, 2000, p.14.

[6] XAVIER, Cecília. *A proibição da aplicação analógica da lei fiscal no âmbito do estado social de direito*. Coimbra: Almedina, 2006, p. 49.

[7] MIRANDA, Jorge. *Manual de direito constitucional.* 3· ed. Coimbra: Coimbra, 2000, v. 4: Direitos fundamentais, p. 221-224.

utilizada como equivalente à expressão *liberdade e igualdade*".[8] Pensar igualdade é redimensionar a própria democracia.

1.1. Fases da evolução do conceito

A evolução do conceito de igualdade relaciona-se com a evolução da mentalidade do homem[9] (embora textos legais já afirmassem a igualdade, como, v.g., a *Déclaration* de 1779 e a Constituição da Carolina do Norte) ou com a evolução da sociedade. Elucidativo é o que ocorreu com os Estados Unidos, onde, apesar do *Virginia Bill of Rights de 1776, da Constituição de Massachutes de 1780,*[10] *da Declaração dos Direitos do Homem de 1789*, havia, no sul dos Estados Unidos, enorme racismo, e a Suprema Corte, em 1896, no caso *Plessy versus Ferguson,* reconheceu uma lei da Lousiana, segregadora dos homens negros, os quais somente podiam viajar em carruagens de comboios próprios, estendendo-se tal segregação aos demais setores (escolas, restaurantes...), em flagrante ofensa ao princípio da igualdade, apesar de estar proibida a escravatura. Em 1920, *em Royster Guano versus Virginia,* conceitua-se o que seja "fundamento razoável" como "a classificação deve ser razoável, não arbitrária, e deve repousar sobre uma diferença tendo como objeto da lei uma relação clara e substancial (*a fair and substantial relation),* de tal sorte que todas as pessoas que se encontrem em circunstâncias similares sejam tratadas de modo semelhante".[11] Já na causa *Brown versus Board of Education*, em 1954, para a Suprema Corte a existência de escolas reservadas para a raça negra era inconstitucional e determinou o fim da classificações raciais das escolas e o estabelecimento de um sistema escolar não-discriminatório. E, foi, em 1971, que a Suprema Corte, em *Swan ver-*

---

[8] BOBBIO, Norbento. *Igualdade e liberdade.* Tradução Carlos Nelson Coutinho Rio de Janeiro: Ediouro, 1996, p. 14.

[9] Atienza diz que a idéia de igualdade no sentido hodierno se origina do renascimento e tem origem em três acontecimentos: a) aparecimento de novas ciências experimentais como a física e astronomia, as quais *negam a superioridade do espírito sobre a matéria* e estabelecem leis nivelando fenômenos terrestres; b) a reforma protestante – Lutero nega as diferenças entre a autoridade eclesiástica e os seculares; c) aparecimento da burguesia que iguala os indivíduos, ainda que formalmente. (ATIENZA. 2004, p. 174).

[10] Todos os homens nasceram livres e iguais, e têm certos direitos naturais, essenciais, e inalienáveis, e entre eles se deve contar primeiramente o direito de gozar da vida e liberdade, e o de defender uma e outra; depois destes, o direito de adquirir propriedades, possuí-las, e protegê-las, e fim o direito de obter sua segurança e sua felicidade. Parte 1, art. 1°. (ALBUQUERQUE, Martim. *Da igualdade:* introdução à jurisprudência. Coimbra: Almedina, 1993, p. 46).

[11] JOUANJAN, Olivier. *Le principe d'égalité devant la loi en droit allemand.* Paris: Economica, 1992, p. 99.

sus Charlotte Meckenburg Board Of Education, acolheu o uso das *quotas raciais* (50%) para que a igualdade fosse estabelecida, criando o que passou a se chamar de *discriminação positiva*,[12] decisão que, hoje, se discute no Brasil.

Foi nos Estados Unidos que primeiro se consagrou, constitucionalmente, o princípio da igualdade a partir da Constituição de 1787,[13] embora somente abolisse os títulos de nobreza, firmando-se, através dos tempos, os seguintes aspectos: "a) os homens nascem livres e iguais; b) não existem privilégios distintos ou exclusivos, salvo em consideração dos serviços feitos ao público; c) não são admitidas diferenciações nobiliárquicas; d) ao *direito de igualdade* corresponde um *dever* ou *obrigação de igualdade*".[14]

Mas é da *Déclaration des droits de l'homme e du citoyen*, de 1789, na França, que se propala pelo mundo,[15] especialmente, a expressão "todos os homens são iguais perante a lei".

A evolução do conceito e entendimento da igualdade foi-se amoldando com o tempo e com a mudança de mentalidade, especialmente com a democratização das nações. Foi uma alteração não pacífica. Foi um ir e vir, de forma gradual, intermediada de oposições, retrocessos e lutas.[16] Foi um caminho entre um conceito vazio, meramente formal, até uma busca de materialização social.

Três fases, segundo Maria Gloria Garcia, verificam-se na evolução da concepção do princípio da igualdade: a) igualdade como prevalência da lei; b) igualdade como proibição do arbítrio ou de discriminações; e c) junto com as concepções anteriores, se acrescenta a intencionalidade material, no sentido da justiça.[17]

---

[12] GARCIA, Maria Gloria F. P. D. *Estudos sobre o princípio da igualdade*. Coimbra: Almedina, 2005, p. 24. Consigna a autora que matéria não é pacífica, sendo que *o racismo continua culturalmente a ser um problema*.

[13] Paulino Jacques afirma que desde 1776 a igualdade ascendeu à categoria de preceito constitucional, embora ele afirme que no *Bill of Rights* da Virginia não se afirma que os homens sejam iguais, mas que são igualmente livres e independentes. (JACQUES, Paulino. *Da igualdade perante a lei*: fundamentos, conceito e conteúdo. 2ª ed. Rio de Janeiro: Forense, 1957, p. 91.)

[14] ALBUQUERQUE, 1993, p. 47.

[15] "Article premier – Le but de la société est le bonheur commun. – Le gement est institué pour garantir à l'homme la jouissance des ses droits naturels et imprescriptibles. Art. 2- Ces droits sont l'"egalité, la liberté, la sureté, la proprieté. E o artigo 3: Tous les hommes sont égaux par la nature et devant la loi". (Ibid., p. 50).

[16] Vejam-se as lutas e conflitos raciais nos EUA.

[17] GARCIA, 2005, p. 36. Já, segundo Livio Paladin, as três fases do desenvolvimento do princípio da igualdade seriam: a) programa de legislação; b) norma de atividade de execução e c) pressuposto justificativo das leis e atributo do sistema normativo. Para Maria da Glória Ferreira Pinto as três fases seriam: a) princípio de prevalência da lei (em correlação com ge-

A primeira fase, a da igualdade como prevalência da lei. *Todos são iguais perante a lei.* Forma-se a classe dos cidadãos, objetivo a ser atingido pela generalidade[18] da lei. O juiz deve obediência estrita à lei. Esta é geral e abstrata, igual para todos. Há uma igualdade absoluta e, por isso mesmo, utópica, constituindo-se um princípio puramente formal.

A segunda fase, a da igualdade como proibição do arbítrio ou de discriminações, abandona a idéia da igualdade absoluta, ou seja, de que os homens são iguais em todos os aspectos. Há a igualdade de razão. E, conseqüentemente, a de dignidade. Isso não significa que seja uma igualdade absoluta entre os homens, seria relativa em razão das próprias relações sociais. Garcia vê, nessa fase, duas orientações: "uma puramente formal de justificação material suficiente para a qualificação igual ou desigual das situações e outra, entrando decididamente na análise dos critérios materiais que presidem ao juízo qualificativo das decisões iguais ou desiguais, para efeitos do seu tratamento jurídico, tenta determinar materialmente a medida do arbítrio e inviabilizar certos critérios, em si mesmos discriminatórios".[19] Daí, em face da relatividade do princípio, os iguais devem ser tratados de forma igual e os desiguais de forma desigual, *na medida exata da diferença.*[20] Disso decorre que, "existindo situações iguais, a sua regulamentação jurídica deve ser idêntica e, existindo situações diferentes, a sua regulamentação jurídica deve ser diferenciada". Não há um programa de ação. O princípio é neutro tanto em relação ao conteúdo como em relação à determinação das situações a exigirem tratamento igual. Em razão disso, alguns entenderam que o princípio da igualdade é um princípio vazio. Mas, na verdade, a igualdade é *um conceito comparativo,*[21] ou seja, a igualdade pressupõe uma comparação. Esta exige: "a) duas situações ou objetos que se comparam em função de b) um aspecto que se destaca do todo e c) que serve de termo de comparação (*tertium comparationis*)".[22] Portanto, se a igualdade exige comparação, ela é relativa,[23] o que exige

---

neralidade); b) limite externo de atuação do poder público; e c) limite interno de atuação do poder público. (MIRANDA, 2000, p. 226, nota 1).

[18] Generalidade é entendida como não identificação com pessoa, mas no sentido de que a lei foi estabelecida para um destinatário abstrato.

[19] GARCIA, op. cit., p. 41.

[20] CERRI, Augusto. *L'egualianza nella giurisprudenza della corte constituzionale.* Milano, 1976, p. 43, apud Ibid., p. 41.

[21] WESTEN, Peter. The empty idea of equality. *Havard Law Review,* v. 95, n. 3, 1982, p. 551. apud GARCIA, 2005, p. 46.

[22] Ibid., p. 47.

[23] "A igualdade representa um *conceito comparativo,* pressupõe uma *comparação,* e não uma *identificação.* A igualdade é sempre relativa". (ALBUQUERQUE, 1993, p. 75)

valoração. E "a igualdade relativa só pode, pois, determinar-se em função de certo critério e este, por sua vez, encontra-se necessariamente relacionado com o fim a atingir com a qualificação das situações concretas como iguais".[24] O critério passa a ser essencial para a determinação da igualdade como uma justificação material. Do critério puramente formal passa-se à materialização do princípio da igualdade com a exigência de que ele, critério, tenha uma justificação suficiente e objetiva *no fim almejado pela conseqüência jurídica*. Se não for uma justificativa suficiente e objetiva, haverá arbítrio e, conseqüentemente, violação do princípio da igualdade.[25] Deve, segundo Canotilho, haver um critério material objetivo na justificação da proibição do arbítrio. Tal critério indica a necessidade de que se fundamente num elemento sério, deve ter um sentido legítimo e deve estabelecer uma diferenciação jurídica com fundamento razoável.[26] Ainda, na segunda fase, situa-se a concepção de que o princípio da igualdade deve coincidir com *o princípio da proibição de discriminações materialmente desrazoáveis*,[27] como, v.g., usar um critério que ofende a dignidade humana. Mas se a decisão arbitrária fica afastada quando se proíbe discriminações arbitrárias,[28] não se impossibilitam as decisões injustas. O princípio da igualdade, desde os primórdios, está ligado à justiça, daí a necessidade de evoluir no conceito de igualdade.

Na terceira fase, acrescenta-se a intencionalidade material, no sentido da justiça. Não basta o uso de critérios qualificativos das situações. Eles são instrumentos para alcançar determinados fins, ou seja, a justiça, com o que se efetiva a igualdade. Igualdade em sentido estrito – político-jurídico – é um momento da justiça. Em sentido amplo – axiológico-normativo-, identifica-se com a própria justiça, segundo Maria Gloria Garcia.[29] Direciona-se o princípio para a justiça social. E "sendo a igualdade social uma modalidade de igualdade material, atinge-se por referência a um conjunto de valores que variam consoante as sociedades e as épocas". E qual é o conjunto de valores? Aquele que a consciência social impõe. Este "conjunto de valores essenciais difundidos pela sociedade" "irá dar corpo à

---

[24] GARCIA, op. cit., p. 51.

[25] Por exemplo, veda a edição de norma personalizada, individualizada, alheia ao princípio da generalidade, que a moderna doutrina alemã chama de *Massnahmegesetze* (lei-providência), porque é discriminatória ao criar privilégio sem o caráter geral. Ver ALBUQUERQUE, op. cit., p. 74.

[26] CANOTILHO, J.J. Gomes. *Direito constitucional*. Coimbra: Almedina, 1993, p. 565.

[27] GARCIA, op. cit., p. 61.

[28] Para Anschutz (G.), a igualdade é uma interdição do arbitrário. (JOUANJAN, 1992, p. 91).

[29] GARCIA, 2005, p. 64.

igualdade social que se pretende alcançar".[30] É o entendimento democrático do princípio da igualdade.

1.2. Conceito

Quando se afirma que ninguém admite ser discriminado ou ser tratado de forma desigual, há uma presunção de que ele estabeleceu uma comparação dele próprio com outro ser humano, sob um aspecto, ou seja, fazendo uso de um critério objetivo, o agente verificou que, para ele, foi dado um tratamento diferente em relação a outrem, quando ele tinha expectativa de ter o mesmo tratamento. Nessa comparação, verificou que foi discriminado, sem que houvesse uma justificativa objetiva. A comparação é fundamental para que se constate a existência ou inexistência de igualdade ou desigualdade. Para Gavara de Cara, "a igualdade é um conceito relacional", porquanto cogitar de uma diferença de tratamento significa a existência de um termo de comparação, i.é, é necessário que haja um sujeito ativo para quem se dirige o princípio da igualdade e que tal sujeito tomou decisões ou praticou ações que "impliquem tratamento que produza uma diferença entre duas ou mais pessoas, grupos ou coisas de similares e comuns traços ou características a partir de uma comparação entre ditos elementos (o denominado *tertium comparationis*)".[31]

Para Jouanjan,

de um ponto de vista puramente conceitual, a igualdade significa a proibição de favorecer ou desfavorecer certas pessoas ou certos grupos de pessoas por meio do direito. Tira-se de tal conceito que uma diferença ou uma identidade de tratamento é justificado desde que repouse sobre uma diferença ou uma semelhança objetiva ao olhar do sentido e fim da norma. Se a gente se atém a essa estrita lógica do conceito jurídico de igualdade, a justificação de uma diferença ou de uma identidade de tratamento por motivos práticos tirados das condições de aplicação da norma deve ser considerada como estranha à idéia de igualdade. Ela não pertence à definição da noção jurídica de igualdade, mas aparece como uma limitação, agindo do exterior – os necessitados da administração – e não inerente à essência da igualdade.[32]

Para Pérez Luño, sob o ponto de vista *lógico*, o conceito de *igualdade* significa a coincidência ou equivalência parcial entre diferentes

---

[30] GARCIA, 2005, p. 67.

[31] GAVARA DE CARA, Juan Carlos. *Contenido y función del término de comparación en la aplicación del princípio de igualdad*. Cizur Menor (Navarra): Aranzadi, 2005, p. 36.

[32] JOUANJAN, 1992, p. 295.

entes. Esta categoria é distinta da *identidade*, que entranha a coincidência absoluta de um ente consigo mesmo, e da *semelhança*, que evoca a mera afinidade ou aproximação entre diferentes entes".[33] Para ele, a dimensão lógica da igualdade desdobra-se em três caracteres básicos: a) como noção, exige que se parta de uma *pluralidade* de pessoas, objetos ou situações (dois ou mais entes que se equiparam); b) tem uma dimensão *relacional* (relações bilaterais ou multilaterais), sendo fundamental que se estabeleça um determinado nexo entre vários seres; c) "a relação de igualdade se explicita na *comparação* entre os entes dos quais se prediz". Nesse ponto, emerge como relevante um *tertium comparationis*, ou seja, o elemento presente nos seres tornando possível a comparação. Decorre, portanto, que dois seres, no mínimo, são iguais ou enquadráveis na mesma classe lógica, quando o *tertium comparationis* for o mesmo, sendo ele elemento definidor da classe. E são desiguais quando o *tertium* comparationis, ou seja, o elemento comum definidor da classe não se encontra presente nos dois seres. Assim, é fundamental a identificacação do *tertium comparationis* para se poder afirmar que dois ou mais seres são ou não iguais. "A exigência de um juízo comparativo explicita-se pela necessidade de estabelecer quais entes e quais aspectos dos mesmos vão ser considerados relevantes para efeito de igualdade".[34]

Para Martínez Tapia, a igualdade é um conceito normativo e não descritivo. Centra-se não naquilo que existe, mas no que deve-ser. Na medida em que o princípio da igualdade cogita do dever-ser, tem-se um ideal normativo. Mas um ideal normativo que é um princípio ético elementar, como um comando ético dirigido às normas, e, conseqüentemente, aos legisladores, de como devem ser tratados os seres humanos, i. é, com igualdade, emergindo o princípio da igualdade como uma *grande metanorma*. "Mas não é uma descrição de fatos. Por isso, o horizonte imediato em que se desenvolve a igualdade é o Direito: a igualdade é, antes de tudo, ou, ao menos, inicialmente, igualdade jurídica e não real". E acrescenta Martínez Tapia, dizendo que a igualdade não é uma qualidade das pessoas, nem das normas ou instituições, "senão propriamente uma relação puramente formal entre dois ou mais objetos de conhecimento e que se pode culminar com os mais diversos conteúdos. Toda igualdade é, pois, relativa e necessita, ao menos, dois sujeitos que, obviamente, hão de possuir alguma característica comum".[35] Mas a comparação deve ser de da-

---

[33] PÉREZ LUÑO, Antonio Enrique. *Dimensiones de la igualdad*. Madrid: Dykinson, 2005, p. 17.

[34] Ibid., p. 18.

[35] MARTÍNEZ TAPIA, 2000, p. 15.

dos relevantes. É a igualdade positiva. A igualdade negativa caracteriza-se pela proibição de discriminar.

A Corte Constitucional da Alemanha, em 1980, por sua Primeira Câmara, definiu o princípio da igualdade da seguinte forma:

> Ele impõe tratar todos os homens de forma igual perante a lei. De acordo com isso, este direito fundamental é antes de tudo violado logo que um grupo de destinatários da norma é, por comparação a outros grupos, tratado diversamente, enquanto, entre esses grupos, não existem diferenças de tal sorte e de tal peso que permitam justificar a desigualdade de tratamento.[36]

Na verdade, a igualdade não há como defini-la em poucas palavras. A manifestação da Corte Constitucional alemã não aborda a questão do arbitrário. A igualdade é um princípio constitucional multifacetado, dependendo do prisma da visão de quem constata sua existência concreta ou de quem verifica, superficialmente, que ela não se apresenta de plano, perquirindo-se dos motivos que fizeram ou que justificam a sua "não-aplicação". Ademais, está sempre em constante evolução como a própria sociedade. Sendo direito fundamental, a igualdade é um princípio. E os princípios são *prima facie*, conforme Alexy. E, numa situação real ou abstrata (da lei), ela pode ser constatada, porque resulta evidente o tratamento igual, ou avaliada, porque, havendo desigualdade, o tratamento desigual se impôs para a obtenção da igualdade material em razão de motivo relevante, v.g., um outro princípio constitucional. E esta avaliação concretiza-se por meio da ponderação. Mas a ponderação que se estabelece não é só entre o princípio da igualdade e outro princípio constitucional. A ponderação envolve a análise e avaliação de duas situações fáticas ou jurídicas em relação ao que se denomina de termo de comparação seja ele princípio constitucional ou uma regra, para se saber se, naquele caso, houve ou não a observância do princípio da igualdade. Não é ele diretamente atingido ou lesado. Não é ele absoluto, como os direitos fundamentais não o são,[37] mas ele é relacional, ele implica comparação num determinado pressuposto de fato ou de direito. Daí a dificuldade de uma definição ou de um conceito do princípio da igualdade.

---

[36] BVerfGE 55, 72 (88), *apud* JOUANJAN, 1992, p. 146.

[37] Não há como se admitir serem eles absolutos, porquanto num conflito entre dois direitos fundamentais, haveria incongruência, se, pelas circunstâncias, v.g., a liberdade individual devesse ceder ao interesse da comunidade (esfera penal) ou a um outro princípio que naquela situação fosse mais relevante.

1.3. Igualdade como fundamento da democracia

Pérez Royo entende que o princípio da igualdade é o elemento fundamental de todo o ordenamento jurídico.[38] No mesmo sentido, Canotilho, ao afirmar que ele "vale como princípio jurídico informador de toda a ordem jurídico-constitucional".[39] Para Pérez Royo, a igualdade que aparece no artigo 14° da Constituição da Espanha[40] e que corresponde ao *caput* do artigo 5° da nossa Constituição não tem o sentido do artigo 1°.[41] O artigo 14° da CE e o artigo 5° da CB se inserem entre os direitos fundamentais. E, para ele, essa inserção se dá por dois motivos. O primeiro motivo é " porque a perspectiva negativa é a que resulta imediatamente de pôr, em relação, a proclamação constitucional da igualdade com a de direitos fundamentais incluídos no Capítulo II do Título I", e o segundo motivo é "porque o resultado dessa comparação da igualdade com os direitos fundamentais é chave para poder centrar a definição da igualdade constitucional positivamente".[42] Para ele, a Constituição afirma que os indivíduos são diferentes. O direito à diferença é *a razão de ser da igualdade constitucional*, "não que todos os indivíduos sejam iguais, mas que cada um tenha direito de ser diferente".[43] A igualdade não seria um direito fundamental, mas seria "uma técnica para a gestão da diferença", "das diferenças pessoais".[44]

Ferrajoli indica quatro modelos de configuração jurídica da diferença: a) a *indiferença jurídica das diferenças*, ou seja, "as indiferenças não se valorizam nem se desvalorizam, não se tutelam nem se reprimem, não se protegem nem se violam. Simplesmente, a gente as ignora";[45] b) *diferenciação jurídica das diferenças*, isto é, haveria valorização de algumas identidades e desvalorização de outras, postura

---

[38] PÉREZ ROYO, Javier. *Curso de derecho constitucional*. 10. ed. rev. e atual. por Manuel Carrasco Durán. Madrid: Marcial Pons, 2005, p. 273.

[39] CANOTILHO, 1993, p. 569.

[40] Art. 14 da CE: Los españoles son iguales ante la ley, sin que pueda prevalecer discriminación alguna por razón de nacimiento, raza, sexo, religion, opinion o cualquier otra condición o circunstancia personal o social.

[41] *Artículo 1 – Artículo 1* 1. España se constituye en un Estado social y democrático de Derecho, que propugna como valores superiores de su ordenamiento jurídico la libertad, la justicia, la igualdad y el pluralismo político.
Artículo 14 Los españoles son iguales ante la ley, sin que pueda prevalecer discriminación alguna por razón de nacimiento, raza, sexo, religión, opinión o cualquier otra condición o circunstancia personal o social.

[42] PÉREZ ROYO, 2005, p. 275.

[43] Ibid., p. 276-277.

[44] Ibid., p. 279.

[45] FERRAJOLI, Luigi. *Derechos y garantías:* la ley del más débil. Madri: Trotta, 1999, p. 74.

típica dos ordenamentos típicos dos ordenamentos hierarquizados de casta ou de classes; c) *homologação jurídica das diferenças*: em razão da igualdade absoluta, as diferenças são negadas; d) *igual valorização jurídica da diferença*: fundamenta-se no princípio normativo da igualdade nos direitos fundamentais. Em relação ao primeiro, "em vez de ser indiferente ou simplesmente tolerante com as diferenças, garante a todos a sua livre afirmação e desenvolvimento, não as abandonando ao livre jogo da lei do mais forte mas fazendo-as objeto dessas leis dos mais débeis que são os direitos fundamentais".[46] A diferença com o segundo modelo está em que "não privilegia nem discrimina nenhuma diferença, mas as assume como dotadas de igual valor".[47] Em relação ao terceiro modelo, a distinção está em que não desconhece as diferenças, mas, ao contrário, "reconhece a todas e valoriza-as como outros tantos traços da identidade das pessoas, sobre cuja concretização e especificidade cada uma fundamenta seu amor próprio e o sentido da própria autonomia das relações com os demais".[48] Há, pois,

> igual dignidade das diferenças, podendo as diferentes identidades serem reconhecidas e valorizadas na medida em que, partindo não da proclamação de sua abstrata igualdade, mas do fato de que pesam nas relações sociais como fatores de desigualdade na violação da norma sobre a igualdade, se pense e elabore não só as formulações normativas dos direitos mas também suas garantias de efetividade.[49]

Após acentuar que todas as pessoas são de fato diversas umas das outras, por diferenças de sexo, religião, opiniões políticas, etc., Ferrajoli observa que "a igualdade jurídica define-se através dos direitos fundamentais e vice-versa, a desigualdade jurídica depende em sua definição da esfera dos direitos patrimoniais de que cada um é titular com exclusão dos demais".[50] E conclui

> A partir desses pressupostos, compreende-se o nexo que, por meio dos direitos, liga as diferenças à igualdade e as opõe às desigualdades e às discriminações. As *diferenças* – sejam naturais ou culturais – não são outra coisa que os traços específicos que diferenciam e ao mesmo tempo individualizam as pessoas e que, enquanto tais, são tutelados pelos *direitos fundamentais*. As *desigualdades* – sejam econômicas ou sociais – são ao contrário as disparidades entre sujeitos produzidas pela diversidade de seus *direitos patrimoniais*, assim como de suas posições de poder e sujeição. As primeiras concorrem, em seu conjunto, para formar as diversas e concretas *identidades* de cada pessoa; as segundas, para formar as diversas *esferas jurídicas*. Umas

---

[46] FERRAJOLI, 1999, p. 76.

[47] Ibid., p. 76.

[48] Ibid., p. 77.

[49] Ibid., p. 77.

[50] Ibid., p. 82.

são tuteladas e valorizadas, frente a discriminações ou privilégios, pelo princípio da *igualdade formal* nos direitos fundamentais *de liberdade*; as outras são, se não removidas, ao menos reduzidas ou compensadas por aqueles níveis mínimos de *igualdade substancial* que estão assegurados pela satisfação dos direitos fundamentais *sociais*. Em ambos os casos, a igualdade está conectada aos direitos fundamentais: aos de liberdade enquanto direitos ao igual direito de respeito de todas as "diferenças"; aos sociais enquanto direitos à redução das "desigualdades".[51]

Para Pérez Royo, a igualdade constitucional resulta da convergência de *um princípio antropológico universal, mas particular,* que seria substantivo, correspondendo-lhe a *dignidade do ser humano* – a dignidade é o elemento comum que une a todos os seres humanos-, com a de *um princípio político territorialmente limitado, mas geral,* este seria de caráter processual, sem o qual a sociedade não seria tecnicamente organizável, baseado na *vontade,* fator que distingue os seres humanos dos animais. A vontade seria geral e não dispensa as vontades individuais, porquanto estas interessam na medida em que participam, pelo conjunto de suas manifestações, da formação da vontade geral. A igualdade passa a ser absoluta quando o indivíduo age como cidadão, v.g., no exercício do voto, quando o indivíduo é um ser único, em que sua manifestação vale com absoluta igualdade a de qualquer outro ser, independentemente do que possui, da função que exerce, ou seja, sua manifestação é igual a de qualquer outro ser-cidadão.[52] E, nessa manifestação, não interessa a vontade individual da pessoa, a manifestação ocorre somente para se saber qual é a vontade geral dos cidadãos. Nessa hora, o indivíduo não pretende fazer valer a sua vontade individual, mas a de cidadão, por meio da qual ele constrói, com os outros, a vontade geral. No ato de votar, deve valer de forma absoluta a igualdade.[53] Sem ela, sem que todos os votos fossem iguais, ter-se-ia a diferença, "mas não o direito à diferença". Nisso está o que distingue uma sociedade democrática das outras espécies. Em todas elas os indivíduos diferem entre si, dependendo do elemento tomado como termo de comparação. Não podia ser de outra forma. "Para isso é que serve a igualdade constitucional e por isso

---

[51] FERRAJOLI, 1999, p. 82-83.

[52] PÉREZ ROYO, 2005, p. 287-288.

[53] Há críticas quanto à colocação, no Brasil. Não haveria igualdade de voto na medida em que, na formação da Câmara e do Senado, menos votos são necessários em determinadas regiões para eleger um representante do que em outras. Entretanto, na mesma circunscrição eleitoral, o voto de um rico e de um pobre, de um governante e de um governado valem o mesmo. "*O princípio da igualdade de* voto exige que todos os votos tenham uma eficácia jurídica igual, ou seja,o mesmo peso. O voto deve ter o mesmo valor de resultado (consideração igual para distribuição de mandatos)". (CANOTILHO, 1993, p. 435.) Alerta Canotilho que o princípio pode ser ofendido pela manipulação dos círculos eleitorais, além das formas históricas de discriminação.

a vontade geral é seu segundo elemento constitutivo".[54] A vontade geral é elemento sagrado da democracia. Ela existe, como existem a igualdade, a democracia, etc., mas existe como ficção. Ela serve para evitar o regime da lei do mais forte. Quem faz a conexão entre a igualdade política e o mundo do direito é a igualdade constitucional.[55] Para Pérez Royo, a igualdade constitucional não é um direito fundamental, mas pressuposto de cada um deles: "os indivíduos, iguais politicamente na medida em que têm participado do processo constituinte de formação da vontade geral originária, convertem-se, por esse motivo, em titulares de direitos fundamentais".[56] A igualdade constitucional é definida pela vontade geral, nela repousam todas as relações pessoais, todas as instituições políticas e todas as normas jurídicas da sociedade democrática.[57] Daí que iguais são os que participam da formação da vontade geral, expressa pela Constituição, sendo que a igualdade com base na dignidade é a igualdade humana – universal –, ao passo que a que opera, real e efetivamente, é a política.[58] É a igualdade constitucional que torna possível a diferença em suas mais variadas formas. Só a Constituição contempla os indivíduos através do prisma da igualdade. A lei , através do prisma da diferença. "Os seres humanos numa sociedade democrática são simultaneamente *cidadãos*, i. é., iguais perante a Constituição, e *indivíduos*, i.é., diferentes perante a lei".[59] E, dentro de seu raciocínio, Pérez Royo diz que a igualdade constitucional não proíbe que o legislador diferencie, ela exige é a *neutralidade legislativa*,[60] porquanto a lei como decorrente da vontade geral não pode tomar partido, deve ser neutra. Contudo proíbe diferenciar de modo a ofender a objetividade, a razoabilidade ou a proporcionalidade, ou seja, não pode haver discriminação. Segundo Pérez Royo,

---

[54] PÉREZ ROYO, 2005, p. 288.

[55] Ibid., p. 290.

[56] Ibid., p. 290.

[57] Atienza, ao se referir à igualdade política, uma das espécies junto com igualdade perante a lei e igualdade na lei ou por meio da lei, diz que a lei, de origem democrática, é expressão da vontade geral. ATIENZA, 2004,p. 177.

[58] PÉREZ ROYO, 2005, p. 290.

[59] Ibid., p. 293. A lei explicita a diferença. Fala em locador e inquilino, demandante e demandamento, patrão e empregado, contratante e contratado, querelante e querelado, etc., ou seja, a lei só trata da diferença, mas deve atender aos três elementos: objetividade, razoabilidade e proporcionalidade.
Para Pérez Royo, igualdade perante a lei é um impossível lógico, algo absurdo, porquanto a igualdade somente se estabelece perante a Constituição.

[60] Elucidativo é o fato mencionado por Francisco Campos, envolvendo os fabricantes de guaraná e a Coca-cola, em que o legislador fere o princípio da igualdade para favorecer o novo produto estrangeiro, com medidas que tornaria impossível a produção do guaraná nacional como refrigerante. Ver: CAMPOS, Francisco. *Direito constitucional*. Rio de Janeiro: Freitas Bastos, 1956, v. 2, p. 7 *et seq.*

a igualdade não opera no universo imaginário da vontade geral, mas no mundo real das vontades particulares reguladas pela lei ou, melhor dizendo, pelas leis. Sem o conhecimento da igualdade não poderíamos conhecer e interpretar o universo jurídico. Mas o conhecimento do universo jurídico não é o conhecimento da igualdade na vontade geral, da igualdade constitucional, mas o conhecimento das inumeráveis expressões da vontade geral, i. é, nas inumeráveis diferenciações legislativas. Sem o conhecimento da igualdade não podemos conhecer as diferenças. Mas o conhecimento do direito não é o conhecimento da igualdade, mas conhecimento das diferenças.[61]

A igualdade é o *critério da medida das diferenças* e como tal não permite que haja diferença legislativa arbitrária, irracional ou desproporcionada. Ela faz com que as diferenças individuais sejam expressas juridicamente, por meio de acordos de vontades – leis – e não pela lei do mais forte. São tais diferenças individuais que o legislador deve considerar (este é o motivo pelo qual não pode deixar de diferenciar), mas ele legislador deve ser coerente com a igualdade constitucional. A lei surge, então, como manifestação da vontade geral que decorre da manifestação suprema da igualdade – o voto.

Se o poder legislativo tem o privilégio de estabelecer a diferença, sendo ele somente que entra em contato com a igualdade constitucional, os demais poderes, executivo e judiciário, são norteados pelo juízo de legalidade. Eles entram em contato com a igualdade constitucional por meio da lei, estando proibidos por ela de desvirtuar a diferenciação legislativa, estabelecendo discriminação. Pérez Royo entende que a igualdade constitucional para os poderes executivo e judiciário seria derivada e não, originária. Contudo todos os poderes públicos devem ter por diretiva, em suas ações, a vontade geral. "O legislativo expressa a vontade geral. O poder executivo executa em termos gerais. O poder judiciário aplica-a nos casos particulares. A ação de todos os poderes gira em torno da vontade geral e, portanto, em torno da igualdade".[62] Do executivo, a igualdade exige neutralidade,[63] fazendo sua a diferenciação feita pelo legislativo, a qual "é o critério de medida da neutralidade do poder de regulamentar e da ação executiva"; exige do judiciário imparcialidade na aplicação da lei, cuja decisão, de modo razoável, deve ser manifestação/interpretação da vontade geral.[64] Daí, em nossa legislação, o controle da constitucionalidade pelo judiciário. Bifurca-se a imparcialidade[65]

---

[61] PÉREZ ROYO, 2005, p. 296.

[62] Ibid., p. 297.

[63] Neutralidade significa ausência de assunção de partido entre as diferenças.

[64] PÉREZ ROYO, op. cit., p. 299.

[65] A imparcialidade não se confunde com neutralidade. O juiz toma a decisão em favor de uma das partes, logo não é neutro. Mas até proferir a decisão, ele ouve a todos de forma igual, sem pender para uma das partes especialmente pelas causas previstas no Código de Processo Civil e Penal.

naquilo que Pérez Royo chama de imparcialidade funcional, no sentido de que as decisões do judiciário devem ser uniformes. Para tal objetivo há instrumentos, v.g., na nossa legislação, o incidente de uniformização da jurisprudência e o recurso especial com fundamento na divergência jurisprudencial e, hodiernamente, a súmula vinculante, e imparcialidade orgânica, ou seja, o juiz, ao aplicar a lei ao caso individualizado, não fica alheio à igualdade geral, conecta-se com ela, pela própria independência funcional, sendo exemplo disso o controle difuso da constitucionalidade.

Por tais razões, Pérez Royo diz que a igualdade constitucional é, simultaneamente, "pressuposto e limite para a diferenciação legislativa".[66] Em síntese, diz que "a igualdade constitucional é pressuposto e limite para o exercício por parte dos poderes do Estado das funções que lhes são constitucionalmente atribuídas. E é, também, na forma de proibições concretas de discriminação, um limite ao exercício do direito à diferença".[67]

1.4. Igualdade perante a lei

Embora Pérez Royo critique tal diferenciação, ela é comum na doutrina e ele mesmo, ao abordar a igualdade constitucional manifestou-se como ela sendo a igualdade perante a lei, ou, segundo Canotilho,[68] igualdade na criação da lei. Já ao se referir aos poderes executivo e judiciário, cogitava-se, segundo ele, a denominada igualdade na aplicação da lei. Para Bacigalupo, o direito legislado e o direito aplicado têm função complementar de garantia da segurança jurídica.[69]

Jouanjan, ao analisar a igualdade perante a lei, menciona as duas expressões existentes para os franceses: *égalité devant la loi* e *égalité dans la loi*, como um dualismo ontológico.[70] Kelsen já distinguia igualdade perante a lei e igualdade na lei. Para ele,

a igualdade dos indivíduos sujeitos à ordem jurídica, garantida pela Constituição, não significa que aqueles devam ser tratados por forma igual nas normas legisladas com fundamento na Constituição, especialmente nas leis. Não pode ser uma

---

[66] PÉREZ ROYO, 2005, p. 296.

[67] Ibid., p. 310.

[68] CANOTILHO, 1993, p. 562.

[69] BACIGALUPO, Enrique. *Justicia penal y derechos fundamentales.* Madri: Marcial Pons, 2002a, p. 227.

[70] JOUANJAN, 1992, p. 10.

tal igualdade aquela que se tem em vista, pois seria absurdo impor os mesmos deveres e conferir os mesmos direitos a todos os indivíduos sem fazer qualquer distinção, por exemplo, entre crianças e adultos, sãos de espírito e doentes mentais, homens e mulheres. Quando *na* lei se vise à igualdade, a sua garantia apenas pode realizar-se estatuindo a Constituição, com referência a diferenças completamente determinadas, como porventura as diferenças de raça, de religião, de classe ou de patrimônio, que as leis não podem fazer acepção das mesmas, quer dizer: que as leis em que sejam feitas tais distinções podem ser anuladas como inconstitucionais. Se a Constituição não fixa distinções bem determinadas que não possam ser feitas nas leis relativamente aos indivíduos, e se a mesma Constituição contém uma fórmula proclamando a igualdade dos indivíduos, esta igualdade constitucionalmente garantida a custo poderá significar algo mais do que a igualdade *perante a lei*. Com a igualdade perante a lei, no entanto, apenas se estabelece que os órgãos aplicadores do Direito somente podem tomar em conta aquelas diferenciações que sejam feitas nas próprias leis a aplicar. Com isso, porém, apenas se estabelece o princípio, imanente a todo o Direito, da juridicidade da aplicação do Direito em geral e o princípio imanente a todas as leis da legalidade da aplicação das leis, ou seja, apenas se estatui que as normas devem ser aplicadas de conformidade com as normas.[71]

Mas há uma terceira espécie que não se enquadra na lição exposta por Kelsen na *Teoria Pura do Direito*, mas que é exposta na *Jurisdição Constitucional*:[72] a igualdade que se dirige ao legislador sem apoio em norma da Constituição (mas em princípios e diretivas constitucionais), proibindo-o de fazer discriminações injustificadas ou diferenciações arbitrárias. Por isso, segundo Jouanjan, junto com a *igualdade perante a lei*, ou seja, uma igualdade na aplicação do direito (*Rechtsanwendungsgleichheit),* tem-se a igualdade na criação do direito (*Rechtssetzungsgleichheit)* e direitos especiais de igualdade (*specielle gleichheitsrechte)* no sentido de igualdade na lei de Kelsen.[73]

Por isso, a distinção entre igualdade perante a lei ou igualdade na criação da lei e igualdade na aplicação da lei.

Alguns autores falam em discriminação direta e indireta. A direta seria aquela ofensiva ao texto legal que expressamente veda aquele tipo de conduta, seja ele constitucional, v.g., raça, sexo [...], ou infraconstitucional. A discriminação indireta não apresenta confronto com a norma, mas as suas conseqüências são desproporcionais, v.g., cria uma norma para um dos sexos e a conseqüência é desastrosa para o outro. Ela aparece em razão dos resultados da norma, dos

---

[71] KELSEN, Hans. *Teoria pura do direito.* 3. ed. Coimbra: Armênio Amado, 1974, p. 203-204.

[72] "[...] a Constituição dispõe, no fundo, que as leis não apenas deverão ser elaboradas de acordo com o modo que ela prescreve, mas também não poderão conter disposição que atente contra a igualdade, a liberdade , a propriedade, etc. [...] Por isso costuma-se distinguir a inconstitucionalidade formal da inconstitucionalidade material das leis". (KELSEN, Hans. *Jurisdição constitucional.* São Paulo: Martins Fontes, 2003, p. 132)

[73] JOUANJAN, 1992, p. 11.

efeitos que ela produz sem que haja uma justificação plausível para a diferença.[74]

1.4.1. *Igualdade perante a lei ou na criação da lei*

Jouanjan observa que não é a igualdade que se encontra perante a lei, mas são os indivíduos.[75] Estes, perante a lei, são iguais. Caracteriza-se pela generalidade e abstração, inserida no *caput* do artigo 5º da Constituição brasileira, como princípio informador de todos os direitos fundamentais. Embora, na origem do princípio, fosse interpretado como uma igualdade na aplicação da lei, hoje, a igualdade é imposta não só ao órgão judicante, como ao legislador e ao administrador.

O princípio da igualdade "contém uma directiva essencial dirigida ao próprio legislador, isto é, não só aos órgãos de aplicação do direito, mas também aos de criação".[76] Contudo o legislativo tem uma margem de liberdade para configurá-la, especialmente porque lhe compete fixar os elementos da comparação, desde que adequados ao fim, não cabendo aos juízes verificar a justificação ou racionalidade adotadas pelo legislador, para substituí-las pelas próprias.[77] Tem ele uma liberdade, desde que não apresente diferenciação discriminatória. O legislador fica cingido ao princípio da igualdade para a formulação da lei, a qual é instrumento do princípio, tendo por características a generalidade e a abstração.[78] Esta racionalidade situa-se em dois planos: no primeiro plano, "a diferença ou a identidade de tratamento aplicáveis às categorias diferentes deve ser *compreensível* ao olhar do fim perseguido"; e, no segundo plano, independentemente do fim objetivado, "*os meios empregados* – a diferença ou a identidade de tratamentos – não criariam em relação a alguns ou categorias inteiras de pessoas, nem favores, nem desfavores: daí a necessária proporcionalidade 'comparada' inerente ao princípio da igualdade".[79]

---

[74] FERNÁNDEZ, Encarnación. *Igualdad y derechos humanos.* Madrid: Tecnos, 2003, p. 86-88.

[75] JOUANJAN, 1992, p.12.

[76] ALBUQUERQUE, 1993, p. 338.

[77] Ibid., p. 338.

[78] Ibid., p. 339.

[79] JOUANJAN, op. cit., p. 293. Como observa Bustamante: "Não há como fundamentar a aplicação, a superação ou a otimização de princípios jurídicos sem referência ao postulado da proporcionalidade. A proporcionalidade permite ao intérprete afastar-se do teor literal de um enunciado que prescreva normas tipo princípio. Ela é que torna possível uma acomodação dos princípios constitucionais à realidade (reserva do possível, restrição a partir de condicionantes fáticas etc.) e a convivência harmônica entre as várias normas princípio". (BUSTAMANTE,

Como afirma Encarnación Fernández,

prima facie, a generalidade das leis apresenta-se como uma exigência do princípio da igualdade, i.é., que as leis se estabeleçam para um destinatário abstrato, não identificável ad personam, que costuma ser o cidadão em geral ou, em todo o caso, um tipo genérico (o comprador, o vendedor, o menor, o maior de idade, o funcionário, o administrador, etc.).[80]

Noutras palavras, a igualdade na lei implica a abolição de privilégios, ela se reporta às proibições constitucionais, refere-se ao conteúdo do ato legislativo, ou seja, ao criar a lei, deve ela não criar desigualdades fáticas, artificiais, como a desigualdade fiscal ocorrente num período da história, em que a nobreza tinha privilégios, e os cidadãos tinham uma carga tributária odiosa.

Atienza diz que a igualdade perante a lei é noção de exigência de a lei não tratar diferentemente quem vive sob o mesmo sistema jurídico, uma vez que as normas devem ser gerais e aplicadas sem arbitrariedade. Para ele, o princípio da igualdade perante a lei, entendido como o de não discriminar, "não supõe que todos devam ser tratados em qualquer circunstância do mesmo modo, mas que há certas características que, em princípio, não podem ser utilizadas para estabelecer diferenças de tratamento entre as pessoas".[81] Contudo a igualdade na lei difere da igualdade perante a lei, aduzindo ele, para a distinção, que

o que se pretende com isso é assinalar que as leis (o Direito) devem estar desenhadas de maneira que sua aplicação produza resultados igualitários quanto às condições de vida dos cidadãos. Bem, como as características de base dos indivíduos e dos grupos aos quais a lei se dirige são desiguais, essa noção ou esse princípio chega ocasionalmente a justificar medidas que podem supor ir contra o princípio da igualdade de tratamento abstratamente considerado e, no fundo, contra a igualdade perante a lei. É o que ocorre nos pressupostos da chamada "discriminação inversa" (ou "ação afirmativa') nos quais um indivíduo pertencente a uma determinada categoria que se considera socialmente relegada (uma mulher, uma pessoa de raça negra) é tratada melhor que outro indivíduo que não pertence ao grupo desfavorecido, de maneira que, por exemplo, à mulher se lhe outorga uma vantagem em relação ao varão na hora de preencher determinado posto de trabalho, e ao estudante de raça negra se o admite na faculdade, ainda que suas qualificações acadêmicas sejam inferiores às dos outros candidatos excluídos não-pertencentes a essa raça.[82]

Thomas da Rosa. *Argumentação contra legem:* a teoria do discurso e a justificação jurídica nos casos mais difíceis. Rio de Janeiro: Renovar, 2005, p. 260.

[80] FERNÁNDEZ., 2003, p. 69-70.

[81] ATIENZA, 2004, p. 177.

[82] Ibid., p. 177-178.

Mas essa posição, especialmente em relação às cotas nas universidades, é de interpretação divergente, ou seja, há argumentos para as duas interpretações. A discriminação sofrida pelo homem de raça negra faz com que se desconsidere a formação acadêmica anterior ao ingresso na universidade,[83] além do aspecto compensador pelo período submetido à escravatura.

Pérez Luño apresenta a igualdade perante a lei como a) exigência de generalidade, ou seja, identifica a igualdade com os requisitos de generalidade e abstração da norma jurídica; b) exigência de equiparação que "supõe um tratamento igual de circunstâncias ou de situações não coincidentes que, sem dúvida, se estima deva ser consideradas irrelevantes para o desfrute ou exercício de determinados direitos ou para a aplicação de uma mesma regulamentação normativa"; c) exigência de diferenciação, ou seja, não pode ser ela considerada de forma absoluta, podendo ocorrer tratamentos desiguais, desde que não haja arbitrariedade, isso especialmente em relação às pessoas que sofreram, ao longo da história, discriminação, operando o princípio como um instrumento para igualdade econômica social; e d) exigência de regularidade de procedimento na aplicação das normas, decorrendo do princípio da imparcialidade, funcionando como instrumento "para a instauração de uma dignidade formal entre os homens".[84]

Portanto, hoje, não só a lei deve ser geral[85] e abstrata, como o conteúdo da lei deve obedecer ao princípio da igualdade. Se houver ofensa, se o legislativo não obedecer ao princípio da igualdade na formulação da lei, o judiciário está apto a declarar a inconstitucionalidade da lei. E o controle da constitucionalidade das leis pelo Judiciário, no Brasil, diversamente do que se diz em relação aos países europeus, encontra-se bem formulado, quer no sentido concreto, por todos os órgãos do Judiciário, quer no abstrato pelo Supremo Tribunal Federal. É claro, contudo, que o judiciário não pode alterar a norma jurídica que ofende o princípio da igualdade. Pode declarar sua nulidade ou pode declarar a nulidade do critério de diferenciação, possibilitando a inclusão das pessoas ou grupos inicialmente excluídos. "A decisão continua sendo negativa, mas possui uma *eficácia positiva indireta*".[86] Isso ocorre no controle concreto, porquanto,

---

[83] Aliás, nenhum estudo ainda comprovou que aqueles que ingressaram com um nível inferior no vestibular tenham obtido formação final inferior. E o pobre, não está na mesma situação do negro? Não é ele discriminado? Aliás a pobreza, no Brasil, é mais discriminatória do que a cor.

[84] PÉREZ ROYO, 2005, p. 22-36. Ver adiante o que se observou sobre Rawls.

[85] A generalidade da lei tem nítida influência de Rousseau (Contrato social).

[86] ÁVILA, Humberto. *Sistema constitucional tributário*. São Paulo: Saraiva, 2004a, p. 341.

no controle abstrato, por meio das ações diretas de inconstitucionalidade, há somente ou a supressão do critério discriminatório (com o que, indiretamente, pode favorecer os discriminados) ou declaração da nulidade da norma, sendo ela, em seu todo, afastada.[87]

1.4.2. Igualdade na aplicação da lei

Inicialmente, a igualdade na aplicação da lei vinculava-se ao princípio da legalidade, ou seja, a conformação com a norma, na expressão kelseniana. Mas a aplicação da lei é feita pelo judiciário e pela administração pública. O princípio da igualdade está ligado à imparcialidade do juiz na aplicação da lei, enquanto, para a autoridade administrativa, está relacionada com a legalidade. "Todos os cidadãos têm direito ao mesmo tratamento na aplicação do direito dentro do território do Estado. Portanto, a segurança jurídica requer que as normas legais sejam aplicadas com continuidade, estabilidade e igualdade".[88] A aplicação da lei pelo Poder Judiciário constitui-se, pois, uma garantia da segurança jurídica. A igualdade na aplicação da lei é entendida, inicialmente, como aplicação igualitária e imparcial das normas, vedando-se decisões judiciais discriminatórias, arbitrárias ou irracionais.[89] Mas o juiz tem uma margem de criatividade, não é ele um robô, cujas decisões são mecânicas, ou na suposição de as leis terem interpretação única, ou seja, não se pode olvidar o princípio da independência e autonomia do judiciário no julgamento das causas. E nessa margem de autonomia e independência, pode ele ofender o princípio da igualdade, razão pela qual, para restabelecer a igualdade, estão previstos os recursos. E o conflito entre o princípio da liberdade de interpretação judicial e a igualdade não significa que, para sua solução, seja o princípio da igualdade um princípio absoluto. No sistema brasileiro, por outro lado, não existe o regime do precedente como existe no americano e no inglês. Inexistente o regime de precedente, isso não significa que o julgador deva seguir sempre a decisão anterior, porquanto, havendo uma justificativa razoável, pode o juiz modificar sua decisão anterior, desde que não incorra em arbitrariedade. Mas há um controle em relação a essas modificações decisórias: se for do mesmo juiz, há a previsão recursal; e se for do mesmo tribunal, há a previsão do incidente de uniformização da jurisprudência, quando há divergências entre os órgãos do próprio tribunal. E, finalmente, se a divergência for de tribunais diferentes, há o Recurso Especial ao Superior Tribunal de

---

[87] ÁVILA, Humberto, 2004a, p. 342-343.

[88] BACIGALUPO, 2002a, p. 227.

[89] MARTÍNEZ TAPIA, 2000, p. 136.

Justiça com base no dissídio jurisprudencial de outro tribunal. E, em todas as situações, a ofensa ao princípio da igualdade enseja recurso extraordinário ao STF, além da possibilidade de, naquela matéria, existir a súmula com caráter vinculante.[90] Na verdade, o que se veda é interpretação discriminatória, por motivações arbitrárias.[91] Para isso, há três requisitos: a) existência de um termo de comparação; b) os pressupostos que constituem o termo de comparação sejam essencialmente iguais; c) a exigência de que as decisões contestadas procedam do mesmo órgão.[92] Existente um termo de comparação, cujos pressupostos sejam iguais, as decisões contrárias do mesmo órgão significam arbitrariedade.

Da mesma forma, a aplicação da lei pela administração deve atender ao princípio da igualdade. E Jouanjan menciona o slogan *Keine Gleichheit im Unrecht* (em alemão) – "pas d'égalité dans l'illégalité" (em francês) –, ou seja, não há igualdade na ilegalidade. Como a administração deve respeitar a lei, tem a mesma estrutura que existe na criação da lei e na atividade de aplicação da lei: proíbe a diferença ou a identidade de tratamento injustificável, "arbitrário".[93] É evidente que se a lei, observada pela administração, já é ofensiva ao direito da igualdade, impõe-se, em tal circunstância, a atuação do poder judiciário para dizer da inconstitucionalidade da lei em face do dito princípio ou, quando se trata de ato administrativo ofensivo ao princípio da igualdade, afastá-lo por ofensa ao direito fundamental da igualdade. Da mesma forma, se o fato anterior, trazido à comparação para aplicação do princípio da igualdade, teve como base uma ilegalidade (o benefício dado era contrário ao direito e não podia ter sido dado), não se pode cogitar de igualdade, porquanto "pas d'égalité dans l'ilégalité" e, nestas circunstâncias, a mudança havida com a aplicação da lei em relação ao fato anterior é justificado: abandona-se a ilegalidade havida no primeiro caso.[94]

---

[90] Apesar de resolver a questão da igualdade, as súmulas vinculantes sofrem a argüição de serem inconstitucionais, sendo que, por paradoxal que seja, "a lei não vincula; a súmula, sim" quando ninguém é obrigado a fazer ou deixar de fazer senão em virtude de lei (STRECK, Lenio Luiz. *Verdade e consenso*: constituição, hermenêutica e teorias discursivas. Rio de Janeiro: Lumen Juris, 2006, p. 161).

[91] MARTÍNEZ TAPIA, 2000, p. 143.

[92] ENCARNACIÓN FERNÁNDEZ, 2003, p. 64.

[93] JOUANJAN, 1992, p. 387; FERNÁNDEZ, op. cit., p. 64.

[94] "[...] o retorno à legalidade é um motivo justificado de mudança de prática, mas não razão suficiente para uma simples derrogação à prática ilegal". Isso porque a decisão legal não pode ser uma exceção dentro de uma série de decisões ilegais. (JOUANJAN, 1992, p. 392).

1.5. Igualdade formal e igualdade material

A diferenciação da igualdade formal com a igualdade material tem sua origem na diferenciação de lei formal e lei material.[95] Embora clássica na Alemanha, segundo Jouanjan, quem introduziu, na França, o conceito de lei formal e lei material foi Esmein, ao afirmar que

> toda a decisão tomada pelas duas câmaras, de acordo com seus poderes e num texto idêntico, leva o nome de *lei:* é o nome genérico pelo qual se designa todas as decisões tomadas pelo poder legislativo; de sorte que, numa certa terminologia, a gente coloca todos estes atos no poder legislativo, e isto é exato do ponto de vista da *forma*. Mas, *quanto ao fundo*, muitos entre eles não são *leis*.[96]

Na legislação brasileira, o exemplo mais vivo é o do decreto de desapropriação: tem ele forma de lei, mas tem conteúdo de ato administrativo.

A igualdade perante a lei apresenta-se em dicotomia com a igualdade social ou igualdade na sociedade. Miranda afirma que

> merece ser acolhida se se toma a primeira como mera igualdade jurídico-formal ou como igualdade liberal, inspirada numa concepção jusnaturalista, e a segunda como igualdade jurídico-material, ligada a uma atitude crítica sobre a ordem social e econômica existente e à consciência da necessidade e da possibilidade de a modificar (seja qual for a orientação política que se adote).[97]

E, logo em seguida, observa que

> não seria correta a contraposição, se se supusesse estar diante de dois princípios estanques ou opostos: 1º) porque a igualdade social como igualdade *efetiva*, *real,material*, *concreta*, *situada* (como quer que se designe) pode ou deve considerar-se imposta pela própria noção de igualdade jurídica, pela necessidade de lhe buscar um conteúdo pleno; 2º) porque, mesmo quando a igualdade social se traduz na concessão de certos direitos ou até de certas vantagens especificamente a determinadas pessoas – as que se encontram em situações de inferioridade, de carência, de menor proteção – a diferenciação ou a discriminação (positiva) tem em vista alcançar a igualdade e tais direitos ou vantagens configuram-se como instrumentais no rumo para esses fins.[98]

Isso porque "a igualdade jurídica é condição preliminar da igualdade real", na expressão de Vittorio Mathieu.[99]

---

[95] JOUANJAN, 1992, p. 71.

[96] EISMEIN, A. *Eléments de droit constitucionnel*, Paris, 1896, p. 743. *apud* ibid., p. 71.

[97] MIRANDA, 2000, p. 225.

[98] Ibid.

[99] MATHIEU, Vittorio. apud Ibid., p. 226.

Embora haja crítica quanto à divisão, as denominações *igualdade formal* e *igualdade material* estão arraigadas na doutrina pátria e em outras, sendo de fundamental importância na análise da igualdade. Isso porque

> mais que uma alternativa implica um processo de ampliação do princípio da igualdade nas sociedades pluralistas e democráticas. Em dita concepção material-formal da igualdade [...], sua dimensão jurídica não pode desconectar-se das condições políticas, econômicas e sociais que gravitam sobre sua realização; ao tempo em que sua dimensão material não pode abordar seu programa de equilíbrio na distribuição de oportunidades e os bens sem contar com os procedimentos formais que, no Estado de direito, protegem aos cidadãos dos abusos daqueles que desempenham o poder.[100]

Em qualquer caso, quer no aspecto formal ou quer no material, a igualdade jurídica é definida como "igualdade nos direitos fundamentais", segundo Ferrajoli. Por eles se garante e se persegue a igualdade. E acrescenta Ferrajoli:

> Precisamente, as garantias dos direitos de liberdade (ou "direitos de") asseguram a liberdade formal ou política. As garantias de direitos sociais (ou "direitos a") consentem a igualdade substancial ou social. Umas tutelam as diferenças, das quais postulam a tolerância; as outras removem ou compensam as desigualdades que postulam como intoleráveis. Os direitos do primeiro tipo são direitos à diferença, isto é, a ser si mesmo e permanecer uma pessoa diversa das outras; os do segundo são direitos à compensação pelas desigualdades, e por isso, a tornar-se, nas condições mínimas de vida e sobrevivência, pessoa igual às outras.[101]

As duas, igualdade formal e igualdade material, completam-se. A igualdade formal deve ser efetiva, não se admitindo, modernamente, que seja algo abstrato e inatingível.

1.5.1. *Igualdade formal*

A igualdade formal está associada à igualdade jurídica, cujos elementos caracterizadores são a generalidade e a universalidade. Ela decorre do conceito clássico de igualdade, do Estado legal, da igualdade liberal. Para Hesse, a igualdade jurídica formal é a igualdade perante a lei, *diante da lei.*

> Ela pede a realização, sem exceção, do direito existente, sem consideração da pessoa: cada um é, em forma igual, obrigado e autorizado pelas normalizações do direito, e, ao contrário, é proibido a todas as autoridades estatais não aplicar direito existente a favor ou à custa de algumas pessoas. Nesse ponto, o mandamento da

---

[100] PÉREZ LUÑO, 2005, p. 38.

[101] FERRAJOLI, Luigi. *Direito e razão:* teoria do garantismo penal. Tradução Fauzi Hassan Choukr. São Paulo: Revista dos Tribunais, 2002, p.727.

igualdade jurídica deixa-se fixar, sem dificuldades, como postulado fundamental do estado de direito.[102]

Pérez Luño diz que a igualdade perante a lei sintetiza os caracteres da igualdade formal, implicando igualdade de tratamento na legislação e na aplicação do direito. Quanto ao legislador, impede-o de, na configuração dos pressupostos de fato, criar tratamento distinto a pessoas que se encontram na mesma situação ou de dar relevância jurídica a circunstâncias que a Constituição lhe veda ou que não se relacionam com o sentido do que se regulamenta de forma a incorrer em arbitrariedade. Quanto ao aplicador do direito, impõe aplicação igual para todos os que se encontram na mesma situação, vedando-o de "estabelecer alguma diferença em razão das pessoas, ou de circunstâncias que não estejam precisamente presentes na norma".[103]

Diz Ferrajoli:

Valor primário da pessoa e conexo princípio da tolerância formam, a meu ver, os elementos constitutivos do moderno princípio da *igualdade jurídica*: que é um princípio complexo, o qual inclui as *diferenças pessoais* e exclui as *diferenças sociais*. Em um primeiro sentido, a igualdade reside no valor associado indiferentemente a todas as simples e isoladas pessoas, isto é, "sem distinção", como diz, por exemplo o artigo 3, parágrafo 1º, da Constituição italiana, "de sexo, de raça, de língua, de religião, de opinião pública, de condições pessoais e sociais". Neste sentido, igualdade e diferença não apenas não são antinômicas, mas se implicam mutuamente. O valor igualdade, segundo esta primeira acepção, consiste precisamente no igual valor atribuído a todas as diferentes identidades que fazem de *qualquer pessoa um indivíduo diverso dos outros* e de *qualquer indivíduo uma pessoa como todas as outras*. E vale, dessa forma, a individualizar os confins dessa *tolerância*, a qual reside no respeito de todas as diferenças que formam as diversas identidades das pessoas, como do *intolerável*, que ao contrário reside na inadmissibilidade de suas violações.[104]

Tal igualdade Ferrajoli denomina de *igualdade formal ou política*.

A igualdade formal se apresenta, pois, como uma igualdade perante a lei, traduzindo-se numa exigência de generalidade e universalidade, de equiparação (situações iguais exigem tratamento igual), de diferenciação (situações desiguais exigem tratamento diferenciado) ou de exigência de regularidade de procedimento na aplicação das normas, com o devido processo legal, o que implica a observância do contraditório, em que as partes, no processo têm

---

[102] HESSE, Konrad. *Elementos de direito constitucional da República Federal da Alemanha*. Tradução Luís Afonso Heck.Porto Alegre: Fabris, 1998, p. 330.

[103] PÉREZ LUÑO, 2005, p. 21.

[104] FERRAJOLI, 2002, p. 726.

direitos, deveres, poderes e ônus iguais, vedando-se discriminações de ordem subjetiva.

O legislador pode praticar desigualdade formal quando incorrer em contradição com a legislação. Contudo a igualdade não impõe ao legislador tomar em consideração a multiplicidade de diferenças individuais, mas obriga-o a considerar as diferenças e semelhanças essenciais.

1.5.2. Igualdade material

Para Hesse,

a igualdade jurídica material não consiste em um tratamento igual sem distinção de todos em todas as relações. Senão só aquilo que é igual deve ser tratado igualmente. O princípio da igualdade proíbe uma *regulação desigual de fatos iguais*; casos iguais devem encontrar regra igual. A questão é, quais fatos são iguais e, por isso, não devem ser regulados desigualmente.[105]

Na aplicação da lei, há desigualdade formal quando o juiz entra em contradição com a lei, ou seja, a simples violação da legalidade.[106] E desigualdade material quando o juiz trata de forma igual aos desiguais e vice-versa.

Hoje, por influência das teorias sociais, busca-se, na política administrativa, a igualdade material. Veja-se Rawls, adiante mencionado. No mesmo sentido, Dworkin, para quem a igualdade aparece como uma virtude soberana,[107] evoluindo-se no sentido de que se deve dar a todos igualdade de oportunidades. Para ele,

a teoria correta da igualdade é em si uma questão filosófica difícil: os filósofos defendem uma diversidade de respostas, muitas das quais são discutidas neste livro. Então, seria sensato seguir a nova tendência e deserdar totalmente o ideal, exatamente por esse motivo? Se não conseguimos concordar que a verdadeira igualdade significa igualdade de oportunidades, por exemplo, ou de resultados, ou algo completamente diferente, então por que continuar quebrando a cabeça para descobrir o que ela é? Por que não perguntar, diretamente, se uma sociedade decente deveria ter como meta que seus cidadãos tivessem riquezas iguais, ou que tivessem oportunidades iguais, ou somente que cada um tivesse o bastante para satisfazer suas necessidades mínimas? Por que não esquecer a igualdade abstrata e nos concentrarmos, pelo contrário, nessas questões obviamente mais precisas?[108]

---

[105] HESSE, 1998, p. 330.

[106] JOUANJAN, 1992, p. 100.

[107] DWORKIN, Ronald. *A virtude soberana:* a teoria e a prática da igualdade. São Paulo: Martins Fontes, 2005.

[108] Ibid., p. XI.

Como afirma Pérez Luño, na concepção material-formal da igualdade,

não pode desconectar-se das condições políticas, econômicas e sociais que gravitam sobre a sua realização; ao tempo em que sua dimensão material não pode abordar seu programa de equilíbrio na distribuição de oportunidades e os bens sem contar com os normas formais que, no Estado de direito, garantem aos cidadãos contra os abusos dos que desempenham o poder.[109]

Ferrajoli, em contraposição à igualdade formal, aduz uma segunda espécie de igualdade, a que denomina de *igualdade substancial ou social:*

[...] a igualdade reside no desvalor associado a um outro gênero de diferenças: a todas aquelas "de ordem econômica e social" das quais provenham, como disse o art. 3º, *caput,* da Constituição italiana, os "obstáculos que, limitando de fato a liberdade e a igualdade dos cidadãos, impedem o pleno desenvolvimento da pessoa humana". Neste segundo sentido, as diferenças, em lugar de serem conotadas pelas diversas identidades das pessoas, se resolvem em *privilégios* ou *discriminações* sociais que lhe deformam a identidade e lhe determinam a desigualdade, lesando-lhe ao mesmo tempo o igual valor. É por isso que estas, na base do mesmo princípio da igualdade, são, além disso, além de certo limite *intoleráveis.*[110]

A igualdade material tem, hoje, também, esse sentido social e que, no futuro, dimensionará a atitude dos aplicadores do direito de forma mais incisiva: objetivar igualdade de oportunidades para todos. Como a pessoa humana é um ser responsável, ela será responsável pelo caminho que seguir.[111] Mas, se o elemento fundamental que dá igualdade a todas as pessoas é a dignidade humana, é inadmissível que alguns vivam sem as mínimas condições. Daí se impor um tratamento diferenciado para que essas pessoas tenham o mínimo necessário de forma que as iguale aos demais seres humanos.

O legislador incide em desigualdade material, quando estabelece "contradição de uma disposição legislativa com o <justo direito>, com a eqüidade (*Billigkeit)*", ou seja, ele trata igualmente os que são diferentes ou trata diferentemente os que são iguais.[112]

---

[109] PÉREZ LUÑO, 2005, p. 38.

[110] FERRAJOLI, 2002, p. 727.

[111] Há certa semelhança com a parábola da bíblia em que o pai dá a cada filho a mesma quantia em dinheiro. O resultado foi bem diverso, mas foi resultado da responsabilidade de cada um.

[112] JOUANJAN, 1992, p. 100. O STF, no julgamento do RE-AgR 455817/SC, sendo Relator o Ministro Carlos Veloso, ao apreciar a constitucionalidade de uma lei, observou: "O art. 3º, II, da Lei 7.787/89 não é ofensivo ao princípio da igualdade, por isso que o art. 4º da mencionada Lei 7.787/89 cuidou de tratar desigualmente os desiguais".

1.6. Igualdade como relação: o termo de comparação

Para Jouanjan, "o conteúdo concreto da igualdade depende da estrutura das situações às quais o princípio se aplica", e o princípio da igualdade possui uma *"autonomia normativa* que consiste na operação intelectual de comparação que preside, necessariamente, sua colocação em obra. A língua alemã manifesta de outro modo isso perfeitamente: *Gleichheit* (igualdade) e *Vergleich* (comparação)".[113] A operação intelectual específica, para ele, para aplicar o princípio da igualdade é a comparação. "Comparar, é, no sentido próprio, discriminar: é procurar na diversidade do real das estruturas de ordem, separando e reagrupando os objetos para a utilização de critérios pertinentes ao olhar de um princípio unitário, de um *tertium comparationis"*.[114] É buscar, por um determinado prisma, o elemento que aproxima ou que afasta os comparados. É da ordem jurídica que se extraem os princípios da comparação. E, segundo Jouanjan, o Tribunal Constitucional alemão, na análise da igualdade perante a lei, como primeiro elemento de racionalização, situa a idéia de coerência no interior do sistema jurídico no qual se insere. Em segundo lugar, deve estar voltada para o fim a que se destina, ou seja, o autor de uma norma deve ser conseqüente consigo mesmo. Porém, o fim está ligado aos motivos do ato, formando uma coesão com os fins. "Mas a igualdade exige uma certa adequação entre o sistema de categorias de uma norma geral e a diversidade da realidade, esta *adequatio rei* não costuma ser perfeita".[115] No mesmo sentido manifesta-se Albuquerque, para quem a igualdade representa um *conceito comparativo*, no sentido de que ela pressupõe uma comparação, sendo, portanto, relativa, envolvendo, como destinatários, os órgãos criadores do direito, os de aplicação e fiscalização do direito e os titulares dos direitos fundamentais.[116] Portanto, se ela implica comparação, é fundamental o procedimento a ser seguido no questionamento para se saber se houve ou não violação do direito fundamental à igualdade. E, neste ponto, relevante para o estudo da igualdade, é o termo de comparação – *tertium comparationis* – para que se possa dizer se há ou não igualdade. Gavara de Cara analisou o conteúdo e função do termo de comparação como elemento determinante da aplicação do princípio da igualdade, embora o Tribunal Constitucional espanhol

---

[113] JOUANJAN, 1992, p. 161.

[114] Ibid., p. 233. PÉREZ LUÑO, 2005, p. 18.

[115] Ibid., p. 234. E, ao final, Jouanjan acentua a jurisprudência sobre dois pontos: "se certas desigualdades concretas são inevitáveis, sua dosagem deve ficar na medida do possível homeopático ou sua existência não deve ser senão provisória" (Ibid., p. 234).

[116] ALBUQUERQUE, 1993, p. 75.

tenha admitido, em algumas ocasiões, articular o termo de comparação como essencial para a questão e, em outras situações, tenha adotado posição contrária.[117]

Exerce o termo de comparação a utilidade de distinguir o princípio da igualdade na lei e o princípio da igualdade na aplicação da lei. Ao fazer uso do termo de comparação em sua "função objetiva" – *que corresponde à exigência da igualdade na configuração normativa, i. é, permite que sejam comparáveis normas e situações jurídicas deriváveis delas com independência do órgão concreto que subjetivamente as adotou,* tem-se o princípio da igualdade na lei. Aqui, o princípio da igualdade não só exige que

> as normas prescindam das qualidades e interesses pessoais dos sujeitos para estabelecer diferenças entre eles (igualdade subjetiva), senão que se deve estender o exame desde um ponto de vista objetivo das diferenças introduzidas pelas normas, i.é, examinar se foi disciplinado, de modo igual, as situações e as relações que sejam iguais com independência dos sujeitos ou interesses pessoais que regule, e, em caso de introdução de diferenças, determinar sua justificação tendo em conta a lógica interna da norma.[118]

Tal concerne à configuração da lei e aplica-se ao legislador e ao poder executivo, objetivando evitar um tratamento desigual no conteúdo das normas.[119] Impede-se que sejam configurados pressupostos de fato abstratos na norma que permitam tratamento desigual a pessoas que se encontram na mesma situação.[120] A generalidade da lei é garantia do princípio da igualdade. Generalidade da lei emanada do poder legislativo, como das normas emanadas do executivo ou do judiciário ou do ministério público, em face da iniciativa das leis no Brasil e do poder normativo das instituições em certas situações.

> Por outro lado, na aplicação da lei, o termo de comparação exerce uma *função subjetiva* que deriva da exigência de igualdade de correspondência, i. é, se comparam as atuações subjetivas dos órgãos como conseqüência da peculiaridade da função de aplicação das normas. Disso decorre a relevância de que, nos mesmos órgãos aplicadores da lei, se adote a mesma decisão, em casos idênticos ou similares, e a obrigação de comparar, de fundamentar e valorar juridicamente, "a partir de

---

[117] GAVARA DE CARA, 2005, p. 23. STC 29/1992 e STC 260/1988.

[118] Ibid., p. 25.

[119] Ibid., p. 46.

[120] Evita-se, com isto, por exemplo, os tribunais de exceção. Veja-se, no antigo regime monárquico, certas penas jamais foram aplicadas para os nobres, os quais obtinham carta de abolição da pena ou de perdão, embora fosse o mesmo crime cometido por pessoa do povo. Ver JOUANJAN, 1992, p. 40. O exemplo mais claro é dado a obra: OST, François. *Sade et la loi.* Paris: Odile Jacob, 2005, p. 97 *et seq.* Ost sintetiza a ofensa ao princípio da igualdade na frase: "Sade, l'homme insaisissable des marches du droit, semble avoir le don de susciter, sous tous les régimes, *l'arbitraire du pouvoir* [...]"(Ibid., p. 115- grifo inexistente do original)

um ponto de vista constitucional, a diferença ou semelhança". Para justificar uma diferenciação normativa, o critério para determinar a existência de uma desigualdade, "deve-se comprovar que a diferença responde a uma finalidade constitucional e respeitar as exigências da proporcionalidade[121] entre a diferenciação introduzida e a finalidade perseguida com ela".[122]

Martínez Tapia, ao mencionar a estrutura lógica do juízo de razoabilidade da desigualdade, aponta a necessidade de três etapas: a) comprovação da desigualdade; b) exigência de um termo de comparação; e c) o teste da razoabilidade da desigualdade, quando se examina, no sistema jurídico, se existem argumentos justificativos.[123] Para ele, a justificação da desigualdade deve implicar a superação de três controles: o controle de finalidade uma vez que a norma tem uma razão, uma finalidade que seja constitucionalmente lícita, ou seja, não pode contrariar o sistema de valores constitucionais; controle de congruência ou adequação teleológica, ou seja, os meios são adequados ao fim perseguido, havendo uma "conexão lógica, direta e efetiva entre os distintos elementos" – tratamento desigual, pressuposto de fato justificante e a finalidade objetivada; e o controle da proporcionalidade, ou seja, deve haver proporcionalidade entre o tratamento desigual e a finalidade objetivada: "o meio que a norma estabelece para obter essa finalidade não pode rebaixar as margens de admissibilidade que aqueles fins delimitam". Deve alcançar a finalidade de modo suficiente, mas não excessivo, sem sacrifícios desproporcionais ou onerosos em razão das conseqüências, especialmente quando se refere a outros direitos fundamentais.[124]

Para Gavara de Cara, a igualdade exigida do Poder Judiciário vincula-se com a correspondência das conseqüências jurídicas previstas nas normas".[125] E adiante acrescenta o autor que, na aplicação da lei, o princípio da igualdade "é uma igualdade por meio da lei,

---

[121] Embora os autores não abordem muito a proporcionalidade como instrumento para solucionar a incidência ou não da igualdade, as soluções preconizadas, mesmo a de Gavara de Cara, na prática, correspondem a ela quando se trata de desigualdade. Isto resulta claro quando se identifica o elemento da comparação e se cotejam as duas situações para ver se existe, no caso, uma justificação razoável para a desigualdade. Lógico que a ponderação se aplica quando há conflito com outro direito fundamental. Se o conflito for com uma lei, a ofensa ao princípio da igualdade torna inconstitucional a lei. Mas, ao estabelecer a justificativa da desigualdade, o raciocínio que se exige é o da ponderação.

[122] GAVARA DE CARA, 2005, p. 26. Em face do princípio da independência do juiz, não fica ele, como no Direito americano e inglês, vinculado às decisões anteriores – precedente do *common law*. Tem-se, contudo, alguns instrumentos para preservar o princípio da igualdade como o do incidente de uniformização da jurisprudência ou o recurso especial ao Superior Tribunal de Justiça com base na divergência jurisprudencial com decisão de outro tribunal.

[123] MARTÍNEZ TAPIA, 2000, p. 118-119.

[124] Ibid., p. 121-134.

[125] GAVARA DE CARA, op. cit., p. 45.

que se concretiza principalmente no respeito pelo poder executivo e judicial das decisões legislativas, em essência, sendo que, neste caso, o respeito ao princípio da igualdade tende a equiparar-se com o respeito ao princípio da legalidade".[126]

Nesse contexto, a infração do princípio da igualdade pelo legislador significa inconstitucionalidade da lei e implica sua declaração[127] pelo poder judiciário.

Para Celso Antonio Bandeira de Mello,

> o reconhecimento das diferenciações que não podem ser feitas sem quebra da isonomia se divide em três questões: a) a primeira diz com o elemento tomado como fator de desigualação; b) a segunda reporta-se à correlação lógica abstrata existente entre o fator erigido em critério de discrímen e a disparidade estabelecida no tratamento jurídico diversificado; c) a terceira atina à consonância desta correlação lógica com os interesses absorvidos no sistema constitucional e destarte jurisdicizados.[128]

Segundo Gavara de Cara, no processo de aplicação do termo de comparação, distinguem-se três fases: a) *aportação* – nesta fase demonstra-se a existência do termo de comparação, destacando-se a relevância do elemento fático de comparação; b) *adequação* – nesta fase faz-se a análise dos argumentos e contra-argumentos sustentados pelas partes a favor ou contra o termo de comparação, fixando-se as semelhanças e diferenças do termo de comparação aduzido e c) *aceitação* – nele se faz a análise dos elementos relevantes em torno da decisão definitiva que deve adotar o Tribunal Constitucional, partindo a análise do termo de comparação desde a finalidade e a perspectiva de comparação.[129] Parece mais adequada a expressão identificação – identificação do termo de comparação – para a primeira fase, uma vez que se busca qual é o *tertium comparationis*; análise da adequação, para a segunda, em razão de que se verifica se há adequação

---

[126] GAVARA DE CARA, 2005, p. 47. Acentue-se que não cabe cogitar a igualdade comparando-se decisão judicial ou administrativa anterior ilegal. Com base naquela ilegalidade, embora sejam idênticas situações jurídicas, não há como pretender a igualdade de tratamento ou decisão. Um erro não justifica o outro. O princípio da igualdade exerce uma função limitadora do poder discricionário da administração, mas não convive com a ilegalidade, a menos que a norma seja inconstitucional, quando deve ser afastada.

[127] O STF, na ADI 3305/DF, julgou-a improcedente sob o argumento básico de que "a concreção do princípio da igualdade reclama a prévia determinação de quais sejam os iguais e quais os desiguais. O direito deve distinguir pessoas e situações distintas entre si, a fim de conferir tratamentos normativos diversos a pessoas e a situações que não sejam iguais. 4. Os atos normativos podem, sem violação do princípio da igualdade, distinguir situações a fim de conferir a uma tratamento diverso do que atribui à outra. É necessário que a discriminação guarde compatibilidade com o conteúdo do princípio".

[128] BANDEIRA DE MELLO, Celso Antônio. *Conteúdo jurídico do princípio de igualdade*. 3. ed. São Paulo: Malheiros, 2005, p. 23.

[129] GAVARA DE CARA, op. cit., p. 28-29.

entre os comparados em face do termo de comparação;e aceitação, para a terceira, em face da aceitação ou não do termo de comparação em relação aos comparados.

1.6.1. Identificação do termo de comparação

Sem que se traga a debate o objeto de comparação, não é possível concretizar a diferenciação. É necessário, para se decidir se houve ou não a observância do princípio da igualdade, que se determine o objeto a ser comparado. Se disser "todos os homens são iguais", já se pode questionar: na altura? na cor? na gordura? na idade? nos olhos? nos cabelos? E a todas as questões, objetivamente, se diz "não". Mais, há mais diferenciações que objetos comuns. Entretanto, para discutir dignidade humana, v.g., pouco adianta comparar a cor dos olhos, idade, etc. A dignidade humana é o elemento que deve estar presente em todos os seres humanos. Ademais, não basta só o termo de comparação, é necessário também que ele seja idôneo para a questão discutida. Assim, deve o autor provar a existência do termo de comparação e pela parte contrária a justificação da diferenciação,[130] ou seja, deve provar sua razoabilidade[131] e racionalidade.[132] A razoabilidade faz-se presente quando "a diferenciação introduzida por uma decisão normativa" foi feita de forma correta. Noutras palavras, "porque não existe um termo de comparação que permi-

---

[130] Para Gavara de Cara, o princípio da proporcionalidade "permite o exercício de um controle sobre a diferenciação introduzida pela norma jurídica. As medidas objeto de controle são formalmente distintas (diferenciação e restrição) e têm um alcance diferente, já que em matéria de direitos fundamentais o princípio da proporcionalidade opera num plano de estrita constitucionalidade (o parâmetro material e a referência de controle é um direito fundamental, uma norma substancial), enquanto, na relação com o princípio da igualdade, se analisam e se comparam normas infraconstitucionais para determinar a racionalidade de sua diferenciação". (GAVARA DE CARA, 2005, p. 61-62) Bustamante observa que "o postulado da proporcionalidade visa, neste sentido, a dar maior dose possível de racionalidade à justificação da superação dos princípios. Ele permite um ajustamento dos mesmos às condições *factuais* (através das regras da adequação e da necessidade) e *normativas* (por meio da exigência da proporcionalidade em sentido estrito), mas um ajustamento que, muitas vezes, significa a não-realização do fim estabelecido por um ou mais princípios". (BUSTAMANTE, 2005, p. 260)

[131] Humberto Ávila distingue três acepções para razoabilidade: "Primeiro, a razoabilidade é utilizada como diretriz que exige a relação das normas gerais com as individualidades do caso concreto, quer mostrando sob qual perspectiva a norma deve ser aplicada, quer indicando em quais hipóteses o caso individual, em virtude de suas especificidades, deixa de se enquadrar na norma geral. Segundo, a razoabilidade é empregada como diretriz que exige uma vinculação das normas jurídicas com o mundo ao qual elas fazem referência, seja reclamando a existência de um suporte empírico e adequado a qualquer ato jurídico, seja demandando uma relação congruente entre a medida adotada e o fim que ela pretende atingir. Terceiro, a razoabilidade é utilizada como diretriz que exige uma relação de equivalência entre duas grandezas". (ÁVILA, Humberto. *Teoria dos princípios: da definição à aplicação dos princípios jurídicos.* 4. ed.São Paulo: Malheiros, 2004b, p. 103)

[132] GAVARA DE CARA, 2005, p. 69.

ta articular a existência de pessoas ou situações jurídicas diferentemente tratadas ou porque não se tenha tratado um estatuto jurídico igual com a suficiente idoneidade".[133] Inexistindo pressupostos de fato iguais, nem havendo necessidade de justificativa razoável, tem-se a diferenciação. Já a racionalidade se relaciona com o princípio da proibição da arbitrariedade. Se for arbitrária, falta-lhe racionalidade. Deve, como afirma o Tribunal Constitucional alemão, a ação e decisão estatal responder a parâmetros objetivos,[134] sendo qualquer uma delas carecedora de racionalidade quando, sem maior aprofundamento, os motivos da norma e suas eventuais conseqüências podem ser consideradas impertinentes, ou seja, não terem uma explicação racional.[135]

Para Gavara de Cara, o elemento mais relevante, nessa fase, é "o elemento fático de comparação, i.é, o fato, critério, situação objetiva ou aspecto concreto utilizado para sustentar a comparação que permite deduzir a diferenciação normativa".[136] E alerta que o elemento fático mais genérico e mais utilizado é o da pessoa humana – todos são iguais perante a lei -, o que implica proibição de introdução de privilégios na aplicação do direito.[137]

Para Jouanjan, a descoberta do *tertium comparationis* constitui o primeiro estágio da concretização do princípio da igualdade.[138] Na verdade, se houve violação do princípio da igualdade, a primeira questão que surge é: em que aspecto houve a violação. Assim, esse elemento que faz a ligação entre dois fatos, entre duas normas, numa situação objetiva, deve ser descoberto, identificado, suscitado. Como diz o Tribunal Constitucional português,

> enquanto conceito relacional, a medida do que é igual e deva ser tratado como igual depende da matéria a tratar e do ponto de vista de quem estabelece a comparação, em termos de determinar quais são os elementos essenciais e não essenciais num juízo acerca da admissibilidade ou inadmissibilidade de soluções jurídicas dissemelhantes e eventualmente mesmo discriminatórias. Ou seja, quando é que duas situações reais da vida são equiparáveis, quando as similitudes entre elas sobrelevam das diferenças e, por isso, o juízo de valor sobre a materialidade que lhes serve de suporte conduz à necessidade de um igual tratamento jurídico.[139]

Ressalta-se, nesse ponto, a instrumentalidade do princípio da igualdade, ou seja, a igualdade como instrumento de justiça.

---

[133] GAVARA DE CARA, 2005, p. 54.

[134] BverGE I, 14(52); 4, 144 (155). apud Ibid., p. 102, nota 172.

[135] Ibid., p. 104.

[136] GAVARA DE CARA, 2005, p. 96. Analisa o autor a igualdade na lei e não na aplicação da lei.

[137] Ibid., p. 96.

[138] JOUANJAN, 1992, p. 235.

[139] Acórdão n. 231/94. (MIRANDA, 2000, p. 253).

1.6.2. Análise da adequação

A segunda fase é a da adequação, ou seja, é necessário fixar "as similitudes e diferenças entre os elementos fáticos de comparação para determinar os pressupostos de adequação do termo de comparação para efeitos da aplicação do princípio de igualdade a partir da existência e exigência de determinação prévia de uma real igualdade de situações".[140] Se não houver semelhança entre as pessoas ou situações jurídicas, não há por que analisar o princípio da igualdade. Havendo traços comuns entre as pessoas ou situações jurídicas, há que se questionar se são relevantes ou não, idôneas ou não, porquanto, se irrelevantes ou inidôneas, não há por que comparar. Nesta fase, analisam-se os argumentos e contra-argumentos sustentados pelas partes para a fixação das semelhanças e diferenças do termo de comparação. Essa análise é fundamental para que haja a aceitação do termo de comparação, ou seja, é necessário que se constate que o termo de comparação suscitado está realmente presente para que se exija tratamento igual ou que ele seja diferente para se cogitar tratamento diverso.

1.6.3. Aceitação

Segundo Gavara de Cara, nesta fase, analisam-se os elementos prescritivos relevantes[141] para a decisão definitiva, com a atenção focada na finalidade e na perspectiva de comparação, ou seja, "a determinação das razões pelas quais se realiza a comparação", as razões que justificam o tratamento igual ou as razões que justificam o tratamento desigual (finalidade) e "o modo ou forma de articulação do termo de comparação que permite medir a específica atitude de equiparação ou de diferenciação dos elementos fáticos utilizados para a comparação" (perspectiva).[142] Para Gavara de Cara: "a perspectiva de comparação articula-se em última instância em função da relação de consistência entre a diferenciação, seu elemento fático e sua finalidade. O juízo de igualdade requer um termo de comparação que, quando implica tratamento distinto dos pressupostos de fato análogos, tenha caráter normativo ao estabelecer conseqüências jurídicas distintas, embora, pelo contrário, fica excluído do âmbito de proteção do princípio da igualdade um tratamento igual de

---

[140] GAVARA DE CARA, 2005, p. 106.

[141] Relevante é, por exemplo, a capacidade econômica ou contributiva para o tributo. Mas não tem nenhuma relevância o fato de ter dinheiro ou ser pobre para exercer o direito de voto. É irrelevante o fato de ser analfabeto para exercer o direito de votar, mas é relevante se a pessoa quer ser eleito legislador.

[142] GAVARA DE CARA, 2005, p. 110.

pressupostos de fato diversos quando tem somente caráter fático, i.é, a pressupostos de fatos distintos estabelece-lhes as mesmas conseqüências jurídicas",[143] porquanto para hipóteses diversas não se cogita a mesma conseqüência jurídica.

Noutras palavras, deve haver coerência entre as medidas adotadas e o fim perseguido, uma vez que a *ratio legis* é elemento valorativo para justificar a diferenciação entre as normas,[144] especialmente quando se traz argumentos constitucionais para a justificação do tratamento diferenciado. Se o fundamento da diferenciação é com base na Constituição que se estabelece, esse tratamento diferenciado deve ter aceitação plena.

1.7. Igualdade como valor, princípio ou direito fundamental

1.7.1. Igualdade como valor superior

A igualdade aparece, inicialmente, como valor superior constitucional – discurso axiológico. Pérez Luño lembra que os valores constitucionais têm tríplice dimensão: a) *fundamentadora*, no plano estático, do conjunto de disposições e instituições constitucionais, assim como do ordenamento jurídico em seu conjunto. Por isso, a doutrina germânica concebe-os como "valores fundamentais" (*Grundwerte*) e a Constituição espanhola como "valores superiores", para acentuar sua significação de núcleo básico e informador de todo o sistema jurídico-político; b) *orientadora*, em sentido dinâmico, de ordem jurídico-política perante umas metas ou fins predeterminados, que torna ilegítima qualquer disposição normativa que persiga fins distintos ou obstaculize a consecução daqueles enunciados no sistema axiológico constitucional; c) *crítica*, enquanto sua função, como a de qualquer outro valor, reside na sua idoneidade para servir de critério ou parâmetro de valoração para apreciar de forma justa fatos ou condutas. "De forma que é possível um controle de todas as restantes normas do ordenamento no que possam conter de valor ou desvalor, por sua conformidade ou infração dos valores constitucionais".[145] Tais valores "têm objetividade enquanto constituem um sistema de preferências éticas criadas pelos homens num momento histórico determinado, socialmente compartilhadas, e das quais se servem para avaliar a realidade e encaminhar sua atividade para

---

[143] GAVARA DE CARA, 2005, p. 117.

[144] Ibid., p. 119.

[145] PÉREZ LUÑO, 2005, p. 85.

determinados objetivos".[146] Bobbio afirma que a igualdade "não é por si mesma um valor, mas o é somente na medida em que seja condição necessária, ainda que não suficiente, daquela harmonia do todo, daquele ordenamento das partes, daquele equilíbrio interno de um sistema que mereça o nome de justo".[147]

Embora se apresente fundamentalmente como discurso axiológico, a maior parte dos autores espanhóis (Pérez Luño, Peces-Barba, etc.)[148] sustentam que os valores são verdadeiras normas jurídicas. Para tanto, Martínez Tapia invoca como argumentos: a) possuem a mesma posição constitucional dos demais preceitos, permitindo classificá-los como normas jurídicas; b) são obrigatórios; c) em relação à reforma constitucional (espanhola), assumiram posição reforçada; d) participam da força derrogatória da Constituição e e) o Tribunal Constitucional, em várias decisões, reconheceu sua eficácia normativa.[149]

Assim, a igualdade passa a ser o elemento fundamentador de interpretação de todo o ordenamento jurídico. Vai ser o elemento orientador da hermenêutica teleológica e evolutiva da Constituição e o critério *para medir a legitimidade das diversas manifestações do sistema de legalidade,*[150] não só por seu caráter axiológico, como pelo normativo.

1.7.2. Igualdade como princípio

Como princípio,[151] tem-se o discurso normativo. Seguindo a lição de Pérez Luño, adaptando-a à Constituição brasileira, a igualdade como princípio encontra-se acolhida como igualdade material ao preconizar que "constituem objetivos fundamentais da República: erradicar a pobreza e a marginalização e reduzir as desigualdades sociais e regionais; promover o bem de todos, sem preconceito de origem, raça, sexo, cor, idade e quaisquer outras formas de discriminação" (art. 3º, incs. III e IV) e como igualdade formal ao declarar que "todos são iguais perante a lei, sem distinção de qualquer natureza,

---

[146] MARTÍNEZ TAPIA, 2000, p. 26.

[147] BOBBIO, 1996, p. 16.

[148] MARTÍNEZ TAPIA, 2000, p. 28.

[149] Ibid., p. 28. No mesmo: STC 8/83, 63/83, 75/83 (valores superiores), 86/85 (princípio) e 86/85, 128/87 (direito fundamental) – p. 31.

[150] PÉREZ LUÑO, p. 85.

[151] "Princípio são normas que exigem a realização de algo, da melhor forma possível, de acordo com as possibilidades fácticas e jurídicas. Os princípios não proíbem, permitem ou exigem algo em termos de 'tudo ou nada'; impõem a optimização de um direito ou de um bem jurídico, tendo em conta a 'reserva do possível', fáctica ou jurídica". (CANOTILHO, 1993, p. 534)

garantindo-se aos brasileiros e estrangeiros residentes no País a inviolabilidade do direito à vida, à liberdade, à igualdade [...]" (art. 5º).

Acolhe-se a lição de Alexy de que as normas são princípios e regras. "Princípios são normas que ordenam que algo seja realizado em uma medida tão alta quanto possível relativamente a possibilidades fáticas ou jurídicas".[152] Noutras palavras, "são mandamentos de otimização". E a igualdade é princípio *prima facie*.

1.7.3. Igualdade como direito fundamental

Aparece a igualdade no artigo 5º da Constituição brasileira como princípio e como direito fundamental, constituindo o discurso postulativo. Contém três figuras distintas: a) princípio geral de direito que faz como que a exceção tenha uma interpretação restritiva; b) direito subjetivo do cidadão que permite ao cidadão, quando violado o princípio, ir aos tribunais; c) limitação ao poder legislativo – veda-se ao legislativo introduzir, no sistema jurídico, normas de desigualdade.[153]

Discute-se se a igualdade é direito fundamental. A nossa Constituição insere a igualdade também no capítulo dos direitos fundamentais. Tem o homem, pois, direito fundamental à igualdade? Mas qual igualdade? É evidente que todos os homens são iguais perante a lei, mas iguais sob que aspecto? Na dignidade humana. A dignidade humana é o elemento-conteúdo da comparação da igualdade entre os homens. Mas é um direito fundamental que se manifesta como um instrumento de efetivação, assim como, v.g., o mandamento de segurança é um direito fundamental, um direito, porém, que é instrumento da efetividade dos demais direitos fundamentais e de outros direitos quando violados por ato ilegal da autoridade pública. A igualdade se manifesta como instrumento de efetividade dos demais direitos fundamentais e de outros direitos no seu caráter relacional, não deixando de ser, em si, um direito fundamental, que legitima o indivíduo a buscar, judicialmente, o direito de ser tratado de forma igual quando o elemento comparativo é igual, e de forma desigual, quando o elemento comparativo for desigual ou de, pelo reverso, buscar a tutela antidiscriminatória, quando vítima do arbítrio pelo poder público ou particular, em face da proibição da discriminação ou do arbítrio.

Assim, a igualdade é entendida como um direito fundamental, possuindo uma dupla natureza: objetiva e subjetiva. Um direito

---

[152] ALEXY, Robert. *Constitucionalismo discursivo*. Tradução Luís Afonso Heck. Porto Alegre: Livraria do Advogado, 2007, p. 64.

[153] PÉREZ LUÑO, 2005, p. 93.

subjetivo constitucional que se impõe certamente ao legislador, mas também ao administrador público.[154] Assim, o titular do direito subjetivo tem direitos perante o Estado quer a atos negativos, ou seja, que o Estado não pratique determinados atos impedindo-o de exercer seus direitos, ou a ações positivas, quer garantindo o direito a um ato positivo de natureza fática ou a prestação normativa.[155]

Assim, a igualdade se apresenta como um valor, como um princípio e como direito fundamental. Estende-se a toda criação do direito, a toda a aplicação do direito, quer seja pelo judiciário, quer pela administração pública, especialmente no que concerne às

---

[154] Tribunal Federal alemão: JOUANJAN, 1992, p. 398. Ferrajoli sustenta a necessidade de reformular a terminologia, deixando-se de lado a expressão *direito subjetivo* "para designar cumulativamente modalidades deônticas de conteúdos opostos, nos quais, de um lado, figuram a propriedade e o crédito, e de outro, a liberdade pessoal e as liberdades civis; a sua utilização ou para designar apenas as primeiras em oposição às segundas, denominadas 'liberdades', ou para designar apenas as segundas em oposição às primeiras, de forma melhor classificadas como categoria dos 'poderes'; a drástica separação, enfim, da teoria das modalidades positivas (ou permissões) em duas subteorias nitidamente distintas: aquela dos *poderes*, sejam públicos ou privados, que são situações causadas por atos potestativos, e por sua vez, exercitáveis mediante atos potestativos e causativos de efeitos, e aquela dos *direitos fundamentais* – invioláveis, inalienáveis, indisponíveis e por assim dizer 'personalíssimos'- que, ao invés, são modalidades não causadoras de nenhum ato e não geradoras de nenhum efeito". E prossegue: "A configuração aqui proposta dos direitos fundamentais como condições constitutivas da igualdade e, ao mesmo tempo, do valor da pessoa, permite, então, não apenas reafirmar, mas precisar e generalizar a distinção entre os mesmos e os direitos fundamentais, compreendidos os sociais, e o conjunto das situações jurídicas, compreendidos os deveres. Podemos afirmar que a soma das *situações jurídicas* caracteriza diversas, desiguais, singulares e irrepetíveis *esferas* ou *condições jurídicas* de qualquer sujeito: a sua posição de proprietário deste ou daquele objeto; de devedor ou credor de tal ou qual soma em dinheiro em relação a outro sujeito; de locador ou de locatário deste ou daquele imóvel; de trabalhador independente, de prestador de serviços, de operário ou de empresário porque titular de tais ou quais obrigações ou direitos ou poderes privados; de juiz, de deputado, de servidor público, ou de ministro enquanto titular destas ou daquelas prerrogativas públicas e de seus correspondentes deveres funcionais; de advogado, de médico, de docente, de comerciante ou similares enquanto dotado de tais habilitações específicas ou licenças ou concessões e das respectivas obrigações. A soma dos *direitos fundamentais* caracteriza, ao invés, a igual *personalidade jurídica* de cada sujeito enquanto pessoa ou cidadão. Decorre disso que enquanto a liberdade e o seu exercício, sendo privados tanto de títulos quanto de efeitos jurídicos, formam a base da *igualdade jurídica*, as situações e o seu exercício, necessitando dos títulos e gerando efeitos, formam a base da *desigualdade jurídica*. E enquanto as relações e as comunicações sociais instauradas sobre a base das primeiras – dos direitos de expressão e opinião, àqueles de reunião e livre associação, da liberdade pessoa àquela religiosa, até os direitos políticos e sindicais – são relações de liberdade entre sujeitos iguais, as relações instauradas com base nas segundas são relações de domínio e sujeição, ou seja, de poder e de exclusão entre sujeitos juridicamente desiguais. Há, enfim, uma terceira categoria de modalidade, por assim dizer, intermediária, referente às outras duas: a das *capacidades* (jurídica, de agir, penal, político-eleitoral e afins), que definem o *status* das pessoas designando-lhes a igual idoneidade a cumprir os atos ou a tornarem-se titulares de situações desiguais, e que compartilham com os direitos fundamentais o fato de não serem efeitos, nem de dotarem títulos em atos jurídicos de aquisição, mas de resguardarem a todos condições de igualdade e, com as situações jurídicas, o fato de serem exercitadas por atos jurídicos geradores de novas situações e, por isso, de desigualdades". (FERRAJOLI, 2002, p. 728-729).

[155] CANOTILHO, 1993, p.538.

ações positivas objetivando resgatar as condições humanas de todos os cidadãos, em seu mínimo essencial, quer como direito de defesa, evitando que a Administração Pública pratique arbitrariedade, proibindo-lhe o excesso. Consigne-se, contudo, que o direito subjetivo ao tratamento igual só será viável quando houver licitude. Não é possível a pessoa pretender tratamento igual, em relação à outra pessoa, quando o tratamento dado ao outro é ilícito. O direito subjetivo à igualdade pressupõe licitude de objeto.

1.8. A igualdade na teoria da justiça (Rawls) e na teoria dos direitos fundamentais (Alexy)

Modernamente, tem-se destacado o estudo da igualdade dentro da denominada teoria da justiça. Convém, pela relevância das teorias, um cotejo rápido entre o princípio da igualdade na Teoria da Justiça de John Ralws[156] com o da Teoria dos Direitos Fundamentais de Robert Alexy,[157] pela relevância de seus dois mais representativos adeptos, examinando suas igualdades e diferenças de conceitos, bem como o âmbito de suas aplicações para compreensão do princípio da igualdade em sua maior extensão.

1.8.1. A igualdade na Teoria da Justiça de Rawls

Lembrando Aristóteles, a Justiça expressa algum tipo de igualdade. Ao analisar as Instituições e a Justiça social, Rawls[158] observa que o primeiro objeto dos princípios da justiça social é a estrutura básica da sociedade e a ordenação das principais instituições sociais em um esquema de cooperação. Os princípios devem orientar a atribuição de direitos e deveres nestas instituições e determinar a distribuição adequada dos benefícios e encargos da vida social. As instituições são um sistema público de regras que define cargos e posições com seus direitos e deveres, poderes e imunidades [...], v.g., jogos e rituais, julgamentos e parlamentos, mercados e sistemas de propriedade [...]. Quem faz parte de uma instituição sabe o que as regras exigem dela e dos outros. Tem entendimento comum do que é justo ou injusto. Estabelece-se uma estrutura básica, com regras, e quando há ampla aceitação, quando as instituições são imparcial e

---

[156] RAWLS, John. *Uma teoria da Justiça*. São Paulo: Martins Fontes, 2002.

[157] ALEXY, 2002.

[158] RAWLS, 2002, p. 57.

consistentemente administradas pelos juízes e autoridades, quando os casos similares são tratados de modo similar e quando a regra correta é regularmente observada e adequadamente interpretada pelas autoridades, ou seja, quando há administração imparcial e consistente das leis e instituições, independentemente de quais sejam seus princípios fundamentais, tem-se a justiça formal. E para Rawls, esta exige, em sua administração, que leis e instituições se devam aplicar igualmente.

Se para a justiça formal é essencial a observação da igualdade, não basta, contudo, tratar casos similares de forma similar para obter uma justiça substantiva. Entretanto, onde se encontra uma justiça formal, o estado de direito e o respeito às expectativas legítimas, também se encontra uma justiça substantiva (provavelmente).

Rawls entende que são dois os princípios básicos:

1) cada pessoa deve ter um direito igual ao mais abrangente sistema de liberdades básicas iguais que seja compatível com um sistema semelhante de liberdades para as outras;

2) as desigualdades sociais e econômicas devem ser ordenadas de tal modo que sejam ao mesmo tempo (a) consideradas vantajosas para todos dentro dos limites do razoável, e (b) vinculadas a posições e cargos acessíveis a todos.[159]

Quanto ao primeiro princípio, que trata de aspectos do sistema que definem e asseguram liberdades básicas iguais, envolve a liberdade política, a liberdade de expressão e reunião, a liberdade de consciência e de pensamento, e as liberdades da pessoa (não opressão e integridade física), o direito à propriedade privada e a proteção contra a prisão e detenção arbitrárias, essencial é a igualdade. Tais liberdades devem ser iguais.

Já, em relação ao segundo princípio, a distribuição de renda e riqueza e ao escopo das organizações que fazem uso de diferenças de autoridade e de responsabilidade, apesar de não ser igual, deve ser vantajosa para todos, e as posições de autoridade e responsabilidade devem ser acessíveis a todos.

Todos os valores sociais – liberdade e oportunidade, renda e riqueza, e as bases sociais da auto-estima – devem ser distribuídos igualitariamente a não ser que uma distribuição desigual de um ou de todos esses valores traga vantagens para todos. No segundo princípio, distinguem-se duas partes: a) vantajosas para todos e b) igualmente abertos. Na primeira parte, dois princípios se aplicam: o princípio da eficiência e o da diferença. Na segunda parte, "igualmente abertos" significa igualdade como igualdade de opor-

---

[159] RAWLS, 2002, p. 64.

tunidades eqüitativas (não só formal).[160] Esta, a igualdade de oportunidades eqüitativas, conjugada com o princípio da diferença, leva à igualdade democrática.

Para Rawls, uma configuração é eficiente sempre que é impossível mudá-la de modo a fazer com que algumas pessoas (pelo menos uma) melhorem a sua situação sem que, ao mesmo tempo, outras (pelo menos uma) piorem a sua. Já o princípio da diferença exige que cada pessoa se beneficie das desigualdades permissíveis na estrutura básica: cada homem representativo definido por essa estrutura, quando a observa como um empreendimento em curso, deve achar razoável preferir as suas perspectivas com a desigualdade às suas perspectivas sem ela. Não há ganho algum a não ser que o outro também ganhe.

O princípio da diferença elimina a indeterminação do princípio da eficiência, elegendo uma posição particular a partir da qual as desigualdades econômicas e sociais da estrutura básica devem ser julgadas. A idéia intuitiva é de que a ordem social não deve estabelecer e assegurar as perspectivas mais atraentes dos que estão em melhores condições a não ser que, fazendo isto, traga também vantagens para os menos afortunados. Veja-se: um membro do empresariado e um operário sem especialização – o primeiro tem melhores perspectivas na democracia com propriedade privada. Como justificar a desigualdade inicial? A desigualdade inicial somente se justifica se a diferença de expectativas for vantajosa para o homem representativo dos operários não especializados. As expectativas dos empresários animam-nos a fazer coisas que elevam as expectativas dos trabalhadores. Para o autor, a diferença ainda maior entre as classes viola o princípio de vantagens mútuas e também o da igualdade democrática, porquanto esta não se restringe ao aspecto formal. É preciso, também, uma igualdade material, donde pondera Rawls, dizendo que "se a estrutura básica for injusta, esses princípios autorizarão mudanças que podem diminuir as expectativas de alguns dos que estão em situação melhor. Isto porque a justiça tem

---

[160] Canotilho observa que "esta igualdade conexiona-se, por um lado, com uma política de 'justiça social' e com a concretização das imposições constitucionais tendentes à efetivação dos direitos económicos, sociais e culturais [...].Por outro, ela é inerente à própria idéia de *igual dignidade social* (e de igual dignidade da pessoa humana) [...] que, desse modo, funciona não apenas com fundamento antropológico-axiológico contra *discriminações*, objectivas ou subjectivas, mas também como princípio jurídico-constitucional impositivo de compensação de desigualdade de oportunidades e como princípio sancionador da violação da igualdade por comportamentos omissivos (inconstitucionalidade por omissão)". (CANOTILHO, 1993, p. 567-568)

primazia sobre a eficiência e exige algumas mudanças que não são eficientes nesse sentido".[161]

Kolm, para quem a igualdade é, na essência, a não-arbitrariedade,[162] ao tratar dos princípios de Rawls, assinala alguns fatos sobre a ética social dos tempos modernos, destacando:

a) Os Direitos do Homem e do Cidadão constituem o mais básico princípio legal das nações livres.

b) A declaração de 1789 afirma que esses direitos humanos e civis devem ser iguais para todos.

c) A não-discriminação está incluída.

d) "Cuidar primeiro dos mais pobres" talvez seja o princípio mais comumente conhecido da ética e da justiça sociais.

e) A igualdade de renda, riqueza, poder e posição é o ideal mais comum das concepções "de esquerda' ao longo da história. "Justiça é igualdade"- Aristóteles.

f) A idéia de permitir que os mais favorecidos tenham mais pode ser benéfica para os mais pobres.

g) Alíquotas de impostos redistributivos. Os países escandinavos têm as transferências mais altas, as economias mais produtivas e os pobres mais ricos.

h) A auto-estima é um valor clássico.

i) As pessoas normais em situações normais são responsáveis.

j) Os impostos são baseados na renda auferida. Como o imposto de renda progressivo é instrumento central para a implementação da justiça distributiva na sociedades modernas, ela é a concepção corrente de justiça nessas sociedades.

l) Disso resulta desestímulo da mão-de-obra ou pode ser maior suprimento.

m) Método clássico para determinação de princípios éticos (da ética social e da justiça) é a dialética (Platão): consideração, avaliação, ajustes: equilíbrio.

n) O ideal republicano clássico afirma que as instituições públicas devem basear-se na laicidade e na tolerância e que devem permitir coexistência pacífica e a prática de diferentes culturas, valores e crenças.

---

[161] RAWLS. *Uma teoria ...*, p. 84.

[162] KOLM, Serge-Cristophe. *Teorias Modernas da Justiça*. São Paulo: Martins Fontes, 2000, p. 43.

o) O utilitarismo sempre foi rejeitado e criticado, exceto para a filosofia política de língua inglesa e parte da economia.[163]

Segundo Kolm, para Rawls,

> os Direitos do Homem e do Cidadão são chamados de *liberdades básicas*, tanto pessoais (do homem) quanto políticas (do cidadão). Renda, riqueza, poder, posições, auto-estima (ou os meios para se obtê-la) e, às vezes, "oportunidades", são chamados *bens primários*. Constituem, essencialmente, o fluxo e o estoque do poder de compra, bem como de outros poderes e *status*. As liberdades básicas devem ser iguais e máximas para todos. A existência de desigualdades em bens primários tais que as dotações mais baixas sejam o mais alta possível constitui o *princípio da diferença*. Há a seguinte ordem de prioridades: as liberdades básicas, a não-discriminação e o princípio da diferença.[164]

As liberdades básicas para Rawls são a liberdade política, a liberdade de expressão e reunião, a liberdade de consciência e de pensamento, as liberdades da pessoa (não-opressão e integridade física), o direito à propriedade privada, a proteção contra a prisão e detenção arbitrárias, todas elas devem ser iguais.

Por fim, convém mencionar o princípio da reparação. Para Rawls, ele deve ser colocado na balança como os outros. Significa que "desigualdades imerecidas, elas devem ser de alguma forma compensadas".[165] Daí que para tratar igualitariamente as pessoas, para proporcionar uma genuína igualdade de oportunidades, a sociedade deve dar mais atenção àqueles com menos dotes inatos e aos oriundos de posições sociais menos favoráveis. Noutras palavras, o cerne da questão é reparar o desvio das contingências na direção da igualdade. Assim, maiores recursos devem ser gastos com os menos inteligentes, ao menos nos primeiros anos escolares.[166]

1.8.2. O princípio da igualdade na teoria dos direitos fundamentais de Alexy

Na teoria de Alexy é que se analisa o princípio da igualdade em relação aos direitos fundamentais. Segundo ele, como ocorre com a liberdade, há que se distinguir direitos gerais de igualdade e direitos especiais de igualdade. O art. 3, § 1°, da Lei Fundamental alemã traz os direitos gerais de igualdade: *Todas as pessoas são iguais perante a*

---

[163] KOLM, Serge-Cristophe. *Teorias modernas da Justiça*. São Paulo: Martins Fontes, 2000, p. 214-219.

[164] Ibid., p. 219.

[165] RAWLS, 2002, p. 107. É um dos fundamentos pelo qual se considera não ofensiva ao princípio da igualdade a questão da reserva de quotas nas faculdades para os homens de raça negra.

[166] Ibid., p. 107.

lei. Tal norma foi interpretada unicamente como um mandamento de *igualdade na aplicação do direito*,[167] o que vincularia os órgãos que aplicam o direito não o legislador. O Tribunal Constitucional da Alemanha entendeu não só como mandamento de aplicação, como da "igualdade na formulação do direito".[168]

Já a estrutura do mandamento de igualdade na formulação do direito significa que todos sejam tratados de forma igual pelo legislador. Mas qual o significado disso? Mais fácil é definir o que não seja, isto é, "não significa que o legislador tenha de colocar a todos nas mesmas posições jurídicas, nem que tenha de procurar que todos apresentem as mesmas propriedades naturais e se encontrem nas mesmas situações fáticas".[169] Aliás, para Alexy, uma coincidência de todos em todos os aspectos, ainda que possível, não seria desejável, porquanto todos iriam querer fazer o mesmo. Por tal razão o princípio da igualdade destinado ao legislador *não pode exigir que todos devam ser tratados exatamente da mesma maneira e tampouco que todos devam ser iguais em todos os aspectos*, mas que há de tratar-se de forma igual aos iguais e de forma desigual aos desiguais. Esta é, aliás, a coluna vertebral das decisões do Tribunal Constitucional Federal alemão, e, para o legislador, significa que as normas por ele editadas têm que ter a forma de normas universais condicionadas:

Para todo x vale que se x tem as propriedades P1, P2, [...], Pn, então deve ser que para x valha a conseqüência jurídica C.[170]

Assim, todas as propriedades iguais colocam os x numa situação de igualdade, devendo ter a mesma conseqüência jurídica. Isso vale tanto para o legislador como para aquele que aplica o direito. Mas, como observa o Tribunal Constitucional alemão, nunca duas pessoas ou duas situações vitais pessoais são iguais em todos os sentidos, motivo pelo qual a igualdade ou a desigualdade (de indivíduos ou situações pessoais) se estabelece em relação a determinadas propriedades.[171] A fórmula só pode se referir a uma coisa: a igualdade ou desigualdade valorativa. Esta deve ser relativizada de duas maneiras: em relação a *igualdades (desigualdades) fáticas parciais* ou *relativa a determinados tratamentos*. Tais relativizações são as condições de possibilidades de tratamento diferenciado, a elas se agrega uma terceira forma: "a relativização em relação a um critério de valorização que permite dizer o que é valorativamente igual ou

---

[167] ALEXY, 2002, p. 382.
[168] Ibid., p. 383.
[169] Ibid., p. 384.
[170] Ibid, p. 385.
[171] Ibid., p. 387.

desigual".[172] Para Alexy, a igualdade material conduz à questão da avaliação correta, e, com isto, à questão do que é uma legislação correta, razoável e justa. Surge, então, o problema central da igualdade: se e em que medida é possível fundamentar racionalmente os juízos de valor necessários dentro do marco da máxima igualdade e, dentro do sistema jurídico, quem terá competência para formular, em última instância e com caráter vinculante, aqueles juízos de valor: o legislador ou o Tribunal Constitucional?[173]

1.8.2.1. As fórmulas do Tribunal Constitucional Alemão

Refere Alexy que o Tribunal Constitucional Federal busca auxílio no conceito de arbitrariedade. Duas posições existem: a) *a aplicação da máxima geral de igualdade tem que ter sempre um par de comparação; e a segunda, reduz a máxima geral de igualdade a uma proibição geral de arbitrariedade*.[174] Nesta última, o legislador está proibido a) de tratar o igual desigualmente (é igualdade valorativa); b) o essencialmente igual, desigualmente (igualdade valorativa); e c) o essencialmente igual, arbitrariamente desigual (há duas interpretações: uma literal – uma igualdade essencial não significa mandamento de tratamento igual – e outra, não está proibido o tratamento desigual a casos iguais, mas o tratamento arbitrário. Daí por que o item terceiro significa o que se encontra nos itens anteriores. Para o Tribunal Constitucional, a "máxima da igualdade é violada quando para a diferenciação legal ou para o tratamento legal igual não é possível encontrar uma razão razoável, que surja da natureza da coisa ou que, de alguma outra forma, seja concretamente compreensível, i.é, quando a disposição tem que ser qualificada de arbitrária".[175] Daí Alexy formular o enunciado: "existe uma igualdade essencial se e somente se o tratamento desigual for arbitrário".[176]

Alexy distingue, ainda, igualdade relevante e igualdade valorativa num sentido ideal. Para ele, *igualdades relevantes* seriam todas as igualdades fáticas parciais que merecem um exame de arbitrariedade. Se permite uma delimitação do campo infinito de possibilidades de comparação, por outro lado isso é uma promes-

---

[172] ALEXY, 2002, p. 387-388.

[173] Ibid., p. 388. No sistema jurídico brasileiro, a igualdade como princípio constitucional, faz com que a última palavra seja a do Supremo Tribunal Federal, órgão máximo para afirmar a constitucionalidade de ato ou de lei, pelo controle difuso ou direto.

[174] Ibid., p. 388.

[175] BverfGE 1, 14 (52) *apud* ALEXY, 2002, p. 391.

[176] Ibid., p. 391.

O PRINCÍPIO DA IGUALDADE E O ERRO PENAL TRIBUTÁRIO

sa que não pode ser cumprida de forma racional. Afasta essa forma de interpretação. Já na igualdade valorativa em sentido ideal, menciona o Tribunal Constitucional Federal, para o qual o legislador dispõe de uma ampla liberdade de configuração,[177] não sendo assunto do Tribunal, conforme decidiu, examinar se o legislador editou a legislação mais justa e funcional, senão se respeitou os limites extremos (traçados pelo conceito de arbitrariedade). Por tal prisma, Alexy distingue uma versão forte e uma versão fraca da máxima da igualdade: pela forte, seria a solução mais justa e funcional, a ideal, atendendo-se aos postulados de justiça ou funcionalidade numa medida maior que seu tratamento desigual. Isso tiraria do legislador a liberdade de configuração. Já pela versão fraca, pode-se dizer que estão proibidos os tratamentos arbitrariamente desiguais.

1.8.2.2. Tratamento igual e desigual

Segundo o Tribunal Constitucional Federal existe uma diferenciação arbitrária "quando para a diferenciação legal não é possível encontrar [...] uma razão razoável que surja da natureza da coisa ou que, de alguma forma, seja concretamente compreensível".[178] Tal pode constituir uma máxima geral da igualdade no sentido de que, se não há nenhuma razão suficiente para a permissão de um tratamento desigual, então, está ordenado um tratamento igual. Isso ocorre porque as razões levadas em consideração são insuficientes, surgindo isso especialmente quando se busca uma fundamentação para a diferenciação, o que estaria na seguinte fórmula: "se há uma razão suficiente para ordenar um tratamento desigual, então está ordenado um tratamento desigual".[179]

Conclui Alexy afirmando que "a assimetria entre a norma de igualdade de tratamento e desigualdade de tratamento tem como conseqüência que a máxima geral de igualdade pode ser interpretada no sentido de *um princípio de igualdade* que, *prima facie*, exige um

---

[177] O legislador tem liberdade de *conformação material*, desde que dentro da constitucionalidade. Não pode é incidir em arbítrio, denominado arbítrio legislativo, conforme a Comissão Constitucional portuguesa (ALBUQUERQUE, 1993, p. 125). E afirma Albuquerque que "a proibição de discriminação e privilégio obsta, v.g., ao que modernamente sob a influência germânica e em detrimento da nomenclatura tradicional bem mais clarificadora, se vem chamando <lei-providência> (*Massnahmegesetze)*, ou seja, norma personalizada, individualizada, excepcional por não conter uma norma geral, maximamente se se puder detectar nela <*uma intenção discriminatórioa injustificada*>, para usar a fórmula de Vieira de Andrade". (Ibid., p. 74)

[178] BverfGE 1, 14 (52) *apud* ALEXY, 2002, p. 395.

[179] Ibid., p. 397. Arbitrariedade, para Tribunal Constitucional Federal, segundo Hesse, não é questão da motivação subjetiva, mas da desproporcionalidade objetiva (HESSE, 1998, p. 337.)

tratamento igual e somente permite um tratamento desigual se pode ser justificado com razões opostas".[180]

1.8.2.3. A máxima de igualdade e a valorização

Para Alexy, a máxima geral da igualdade é *lei geral* em face das normas especiais da igualdade. Isso, numa interpretação fraca antes mencionada, suaviza o problema e deixa um amplo campo de atuação para o legislador, restringindo a tese de que o Tribunal está colocado no lugar do legislador ou de que o Tribunal faz prevalecer sua valoração sobre a valoração do legislador. Na verdade, o Tribunal Constitucional somente adquire competência para fixar limites ao legislador.

1.8.2.4. Igualdade de direito e igualdade de fato

Alexy[181] menciona que os conceitos de tratamento igual possuem uma ambigüidade básica: podem ser interpretados como referidos a atos e como referidos a conseqüências. Para aqueles, tem-se exclusivamente a ação estatal como tal. Para estes, como referidos a conseqüências, decisivas são as conseqüências práticas da ação estatal. Como forma de esclarecimento disso, Alexy menciona jurisprudência do Tribunal Constitucional Federal concernente ao "direito de pobres" (corresponde à nossa assistência judiciária): como o benefício é outorgado a quem tem e a quem não tem condições, ele é dado a ambas as partes. Logo ambas as partes são tratadas *de iure* igualmente. Como se dá assistência a quem não tem condições de contratar advogado e não se dá a quem tem condições, de *fato* ambos são tratados desigualmente. Observa Alexy que devido à desigualdade fática das pessoas, a igualdade de *direito* deixa sempre que existam algumas desigualdades de fato, há colisão: por um prisma, há um tratamento igual e por outro, um tratamento desigual. Entretanto, se um afasta o outro, há que se manter o *de iure* porquanto ele está firmado na própria Constituição.[182]

A fórmula – há que tratar igual ao igual e desigual ao desigual – deve ser interpretada como norma de tratamento igual: "se não há uma razão suficiente para a permissão de um tratamento desigual, então está ordenado um tratamento igual". E a segunda parte, a norma de tratamento desigual: "se há uma razão suficiente para ordenar um tratamento desigual, então está ordenado um tratamen-

---

[180] ALEXY, 2002, p. 398.

[181] Ibid, p. 402 e ss.

[182] Ibid, p. 404.

to desigual".[183] Ambos são interpretados no sentido referido a *ato*, servindo, portanto, à igualdade *de iure*.

A igualdade de fato[184] é um princípio dentro da perspectiva de Alexy de que os princípios não são razões definitivas, mas só *prima facie*. Daí que o princípio da igualdade de fato "é uma razão suficiente para um direito subjetivo definitivo a um tratamento desigual *de iure* que serve para a criação da igualdade de fato somente se deslocar todos a todos os outros princípios opostos que estejam em jogo".[185] E, dentre estes, Alexy coloca sempre a igualdade *de iure*, "pois todo tratamento desigual *de iure* para a criação da igualdade de fato é uma restrição da realização do princípio da igualdade jurídica".[186] Há, pois, vários princípios que podem entrar em colisão com a igualdade de fato, especialmente os que apontam liberdades negativas. E arremata Alexy, dizendo que

> tudo isso manifesta que a classificação do princípio da igualdade fática, como uma possível razão suficiente para a obrigatoriedade de um tratamento desigual *de iure* que sirva para a criação de uma igualdade de fato, não implica que a igualdade *de iure* ou a liberdade negativa seja injustificavelmente deslocada pela igualdade de fato, nem que a competência para a conformação da ordem social seja deslocada, inadmissivelmente, do legislador para o Tribunal Constitucional Federal.[187]

Com isso, inclui-se a igualdade de fato num conceito amplo de igualdade. Esta abarca não só a igualdade formal, como a igualdade material.[188]

Para Alexy, com apoio em Dorwkin, o conceito de igualdade de fato se presta a diversas interpretações, valendo-se de critérios diversos (dinheiro, educação, influência política, capacidade de autodeterminação, desenvolvimento de dons e talentos, reconhecimento social, possibilidades de ascensão nos diversos âmbitos sociais, auto-respeito, realização dos projetos de vida e satisfação pessoal), possibilitando teorias incompatíveis entre si, sendo que toda teoria de igualdade fática é um programa para a distribuição dos bens dis-

---

[183] ALEXY, 2002, p. 408.

[184] Segundo Bobbio, por igualdade de fato "entende-se a igualdade com relação aos bens materiais, ou igualdade econômica, que é assim diferenciada da igualdade formal ou jurídica e da igualdade de oportunidades ou social. Contudo, não é nada claro – aliás, é muito controverso – determinar quais sejam as formas e os modos específicos através dos quais se supõe que essa igualdade possa ser pretendida e realizada". (BOBBIO, 1996, p. 32)

[185] ALEXY, 2002, p. 409.

[186] Ibid., p. 409.

[187] Ibid., p. 410.

[188] A igualdade de fato e igualdade de direito corresponde ao binômio igualdade formal e igualdade material (BOBBIO, op. cit., p. 29).

tribuíveis numa sociedade.[189] A igualdade de fato poderia ser considerada um subprincípio do princípio do Estado Social, mas este não é uma cláusula de direito fundamental.

1.8.2.5. A estrutura dos direitos de igualdade como direitos subjetivos

Da máxima geral da igualdade resulta que os direitos subjetivos, como direitos de defesa, estão dirigidos a omissões – omissões de perturbações arbitrárias da igualdade *de iure*. Tem ela natureza negativa. Mas também podem circunscrever-se direitos pertencentes ao *status* positivo. Surgem três espécies de direitos: a) direitos de igualdade definitivos abstratos; b) direitos de igualdade definitivos concretos; e c) direitos de igualdade *prima facie* abstratos.

Em relação à letra *a* aponta dois: o direito à igualdade de tratamento quando não existe nenhuma razão suficiente para a permissão de um tratamento desigual e o direito de ser tratado desigualmente quando existe uma razão suficiente para que esteja ordenado um tratamento desigual.[190]

Em relação à letra *b*, podem inscrever-se direitos de igualdade concretos, tanto do *status* negativo, como positivo e ativo: se alguém, exemplifica Alexy, em razão de violação da máxima igualdade, é atingido por uma proibição pode ter um direito definitivo concreto baseado na máxima igualdade, direito esse que corresponde à omissão da intervenção – direito de *status* negativo. A omissão de tratamento desigual, no caso, é uma ação negativa.[191] Igualmente, se alguém em razão da situação anterior não é beneficiado, pode ter um direito definitivo concreto baseado na máxima de igualdade a ser favorecido – direito de *status* positivo. O outro exemplo que Alexy dá é quando não se dá a alguém a atribuição de participação na formação da vontade política, pode ter direito concreto de *status* ativo baseado na máxima de igualdade.

Quanto à letra *c* – direitos de igualdade *prima facie* abstratos -, há dois: o primeiro refere-se à igualdade *de iure*, exemplificando-se como a omissão de tratamento desigual; e o outro, à igualdade fática, exemplificando-se com as ações positivas do Estado.[192]

---

[189] ALEXY, 2002, p. 411.
[190] Ibid., p. 416.
[191] Ibid., p. 417.
[192] Ibid., p. 418.

1.8.3. Aproximações e diferenças

Rawls aborda o princípio da igualdade em relação à justiça. Para ele, dois são os princípios básicos da justiça: "1) cada pessoa deve ter um direito igual ao mais abrangente sistema de liberdades básicas iguais que seja compatível com um sistema semelhante de liberdades para as outras; e 2) as desigualdades sociais e econômicas devem ser ordenadas de tal modo que sejam ao mesmo tempo (a) consideradas vantajosas para todos dentro dos limites do razoável, e (b) vinculadas a posições e cargos acessíveis a todos". São a igualdade na liberdade e a igualdade que contém dois outros princípios: o da eficiência e o da diferença.

Tem ele uma preocupação com a situação dos menos favorecidos em relação ao princípio da igualdade.[193] Aí está o mérito dele, desconsiderando-se se sua espinha dorsal seja de princípios banais na expressão de Kolms.[194]

Já Alexy tem uma teoria mais específica cuja influência é indiscutível no campo dos direitos fundamentais. Para ele, a igualdade é um princípio. Este, como os demais princípios de direito fundamental, deve ser visto *prima facie*. Daí a relevância de um critério fundamental, quando houver colisão, que é a ponderação. É a ponderação que servirá como método resolutivo mais adequado na apreciação, pelo Judiciário, do conflito, especialmente, quando se impõe a aplicação da desigualdade como uma forma de se obter uma igualdade.

Assim, embora um trate da igualdade como princípio da justiça, e o outro, da igualdade como princípio de direito fundamental, ambos convergem para afastar a igualdade absoluta, admitindo que o tratamento desigual, muitas vezes, é o justo, para, com ele, obter-se uma igualdade, afastada do campo utópico, que fosse real e efetiva.

---

[193] Como observa Kolm, ao criticar Rawls, "sua contribuição é semelhante a dos animais: é nutritiva por sua carne, não por sua espinha dorsal, ainda que esta tenha sido necessária para sustentar a carne. A espinha dorsal também foi necessária para a tarefa salutar, mas indiossincrática, de posicionar-se contra o utilitarismo no círculo específico da filosofia de língua inglesa. A 'carne' analítica, os *insights* profundos e certeiros dela derivados, e a coragem de empunhar a bandeira da primazia da liberdade e da igualdade em um território logicamente hostil, explicam o enorme impacto e o inexaurível poder de inspiração da obra". (KOLM, 2000, p. 260).

[194] Ibid., p. 260.

2. Igualdade tributária e igualdade penal tributária

A igualdade tributária deriva do princípio geral da igualdade,[195] tendo sofrido significativa modificação com a passagem do Estado liberal para o Estado social.[196] No Estado liberal, a igualdade aboliu os privilégios (clero e nobreza),[197] impondo-se pelos princípios da generalidade ou universalidade dos impostos,[198] fazendo com que todos os contribuintes estivessem sujeitos à tributação, sem distinções de raça, cor, etc., exceto a capacidade contributiva. Esta é pressuposto da tributação, sob pena de ser instrumento de injustiça como ocorria na Idade Média. No Direito Tributário, deve haver um critério justo para todos os sujeitos passivos da obrigação tributária: esse critério é o da capacidade contributiva, na esteira da fórmula

[195] "A antiga ordem fiscal representa no mais alto ponto a desordem dos privilégios. A igualdade fiscal sendo inerente à abolição dos privilégios e ao desaparecimento das ordens, ela deve ser considerada como decorrente do princípio de igualdade pessoal". (JOUANJAN, 1992, p. 40)

[196] NABAIS, José Casalta. *O dever fundamental de pagar impostos.* Coimbra: Almedina, 2004, p. 437.

[197] Alonso Gonzalez afirma que o embrião da igualdade se situa na Revolução Francesa, em que a liberdade e a igualdade se tornam divisa insubstituível. Para ele, no âmbito tributário, também, pode-se observar uma evolução similar de evolução dos princípios. E cita Suay Rincón, segundo o qual, antes da Revolução Francesa, os únicos que pagavam impostos eram os das classes mais pobres. "A ideologia liberal levará à forçosa conclusão da obrigação geral de contribuir e aí haverá que se chegar, por exigência de igualdade, a que paguem mais quem têm mais e paguem menos que têm menos. Por duas razões: primeira, porque o Estado vai assumir como objetivo próprio corrigir as desigualdades de fato; e segunda, porque ao poder legislativo se lhe credita legitimidade para produzir leis singulares e não só gerais" (SUAY RINCÓN. *O princípio de igualdad en la justicia constitucional.* Madri: Instituto de Estudios de Administración local, 1985, p. 27 *apud* ALONSO GONZALEZ, Luis Manuel. *Jurisprudência constitucional tributaria.* Madrid: Marcial Pons, 1993, p. 44-45).

[198] "Embora não haja acordo na doutrina quanto à definição teórica de generalidade e abstração, deve entender-se que, no domínio dos direitos fundamentais, este imperativo se refere em primeira linha ao *princípio da igualdade*, enquanto manifestação do caráter universal dos direitos fundamentais e proibição de privilégios e de discriminações e segregações arbitrárias ou injustificadas". (VIEIRA DE ANDRADE, José Carlos. *Os direitos fundamentais na Constituição Portuguesa de 1976.* 3ª ed. Coimbra: Almedina, 2004, p. 311)

aristotélica, de que "o que é (essencialmente) igual, seja tributado igualmente, e o que é (essencialmente) desigual, seja tributado desigualmente na medida dessa desigualdade".

Nessa evolução, a igualdade formal cede lugar de preocupação para a igualdade material.[199] Vincula o legislador já na fase de elaboração das normas jurídicas. Não só na elaboração das normas, o próprio sistema fiscal transforma-se em instrumento de concretização das funções sociais do Estado, para efetivar, por meio da tributação, a igualdade material com a redistribuição da riqueza.[200] Nesse ponto, constitui-se o princípio da igualdade o "limite material da tributação",[201] cujo termo de comparação, no caso, é a capacidade contributiva.[202] Logo, quem tem a mesma capacidade contributiva paga igualmente, quem não a tem, paga desigualmente, de forma que a tributação preserve um mínimo necessário para a existência digna (preservação do princípio da dignidade humana) e um limite máximo a fim de evitar qualquer caráter de confisco à tributação.

2.1. A capacidade contributiva como termo de comparação

O legislador deve levar em consideração a capacidade do contribuinte ao instituir o tributo, porquanto, no Direito Tributário, é ele o critério de justiça[203] e é o elemento caracterizador da eticidade da tributação. A Constituição de 1988 é explícita: "Sempre que pos-

---

[199] Como afirma Canotilho: "Assim, por exemplo, uma lei fiscal impositivo da mesma *taxa* de imposto para todos os cidadãos seria formalmente igual, mas seria profundamente desigual quanto ao seu conteúdo, pois equiparava todos os cidadãos, independentemente dos seus rendimentos, dos seus encargos e da sua situação familiar".(CANOTILHO, 1993, p. 564).

[200] XAVIER, 2006, p. 106.

[201] Ibid., p. 44. Para a autora, "enquanto a igualdade formal é abstrata, podendo conter os mais variados conteúdos, porque desgarrada das situações concretas, a igualdade material, porque respeita a análise de um conjunto de situações concretas como iguais, tem um conteúdo específico, é um conceito material 'e fica indissoluvelmente ligada às situações que se comparam'". (Ibid., p. 45) "A doutrina fiscal mais recente vem afirmando a necessidade da prevalência dos princípios materiais da tributação sobre os princípios formais, tendo em vista a construção de um sistema fiscal mais justo e igualitário, próprio de um Estado Social de Direito. Tais princípios constituem verdadeiros limites materiais ao legislador fiscal" (Ibid., p. 146).

[202] NABAIS, 2004, p. 442. XAVIER, op. cit., p. 107.

[203] GRUPENMACHER, Betina Treiger. Justiça fiscal e mínimo existencial. In: PIRES, Adilson Rodrigues; TORRES, Heleno Taveira (Org.). *Princípios de direito financeiro e tributário:* estudos em homenagem ao Professor Ricardo Lobo Torres. Rio de Janeiro: Renovar, 2006, p.105. Embora a matéria possa merecer crítica, porquanto haveria um privilégio para a extinção da punibilidade para quem repara o dano causado aos cofres públicos e não haveria para aquele que reparasse o dano a um particular, a ponderação mencionada justifica, em parte, a diferença. Na mesma obra ver: SCAFF, Fernando Facury. *Reserva do possível, mínimo existencial e direitos humanos*, p. 115 e ss.

sível, os impostos terão caráter pessoal e serão graduados segundo a capacidade econômica do contribuinte, facultado à administração tributária, especialmente para conferir efetividade a esses objetivos, identificar, respeitados os direitos individuais e nos termos da lei, o patrimônio, os rendimentos e as atividades econômicas do contribuinte (art. 145, § 1°)".[204] Isto significa que, no plano horizontal, o legislador deve observar a igualdade: todos os que tenham a mesma capacidade contributiva devem ser tratados de forma igual; e, no plano vertical, deve cuidar para haver tratamento desigual somente e na medida em que houver capacidade contributiva diversa. Na primeira situação, tem-se a igualdade formal, a igualdade perante a lei; na segunda, a igualdade material, onde se permite tratamento diferenciado por capacidade contributiva diversa com o objetivo de obter-se a igualdade material. Esse critério está presente na Constituição Brasileira, cujo § 1° do artigo 145 determina que os impostos *serão graduados segundo a capacidade econômica do contribuinte.*[205]

O conceito de capacidade contributiva tem dois significados: em primeiro lugar, significa *pressuposto, condição, fonte ou substrato da* tributação e "tem de basear-se na força ou potencialidade econômica do contribuinte, expressa na titularidade ou utilização da riqueza" e, em segundo lugar, como critério ou parâmetro da tributação, no sentido de "serem rejeitados os impostos que se inspirem em critérios opostos ao da capacidade".[206] Assim, a justiça tributária se assenta em dois pilares fundamentais: o princípio da *generalidade* e o da *igualdade*, os quais se articulam para dar lugar ao princípio da capacidade econômica, ou seja, ao princípio da capacidade contributiva. Todos têm que pagar tributos, todos, evidentemente, que tenham condição de pagá-lo.[207] Ademais, a capacidade contributiva, segundo Ricardo Lobo Torres, tem quatro subprincípios: o da *proporcionalidade* ("o imposto deve incidir sempre pela mesma alíquota, o que produzirá resultado maior na medida em que crescer a base de cálculo", v.g., o IPTU e o ITBI), o da *progressividade* ("o aumento da alíquota na medida em que se eleva a base imponível", v.g., imposto

---

[204] Humberto Ávila consigna que o critério da capacidade contributiva foi observado pelo nosso STF, "sem que fosse atribuído um conteúdo determinado a esse princípio"(ÁVILA, 2004a, p. 336.) Mas Ávila alerta que "de nada adianta dizer que os contribuintes que se encontram na mesma situação devem ser tratados igualmente, se os aspectos diferenciadores não são juridicamente relevantes ou têm sua utilização vedada pela Constituição". (ÁVILA, 2004a, p. 344)

[205] Capacidade econômica é usada como sinônimo de capacidade contributiva. Neste sentido: ALONSO GONZALEZ, 1993, p. 37; NABAIS, 2004, p. 446; JACQUES, 1957, p. 189 *et seq.*

[206] NABAIS, op. cit., p. 462 *et seq.*

[207] ALONSO GONZALEZ, op. cit., p. 29. Ávila sustenta que o princípio da igualdade é mais amplo do que o da capacidade contributiva. Ocorre que "o princípio da igualdade pode fundamentar a obrigatoriedade de comportamentos variados que não mantêm vinculação à capacidade contributiva" (ÁVILA, op. cit., p. 357).

de renda maior para aqueles que têm capacidade contributiva maior, liberando-se um valor determinado do tributo de forma a garantir um mínimo essencial de sobrevivência a todos os contribuintes), o da *seletividade* ("incidência por alíquotas maiores na razão inversa da utilidade social do bem", v.g., cesta básica tem alíquota menor que o cigarro e as bebidas alcoólicas – IPI e ICMS, pesando a essencialidade do consumo, especialmente dos produtos essenciais para a subsistência do ser humano como a cesta básica) e o da *personalização* ("agravamento da alíquota em virtude de considerações subjetivas", v.g., imposto de transmissão *causa mortis*).

A igualdade fiscal é ressaltada no inc. II do artigo 150 da Constituição brasileira, quando veda "instituir tratamento desigual entre contribuintes que se encontrem em situação equivalente, proibida qualquer distinção em razão de ocupação profissional ou função por eles exercida, independentemente da denominação jurídica dos rendimentos, títulos ou direitos"[208] e no artigo 151, I, veda-se "instituir tributo que não seja uniforme em todo o território nacional ou que implique distinção ou preferência em relação a Estado, ao Distrito Federal ou a Município, em detrimento de outro, admitida a concessão de incentivos fiscais destinados a promover o equilíbrio do desenvolvimento sócio-econômico entre as diferentes regiões do País". Tem-se, aqui, não só a generalidade e a universalidade dos impostos, consagradas como decorrentes do princípio da igualdade tributária, em seu aspecto formal, ou seja, "os sujeitos passivos que se encontram em idêntica situação devem ser igualmente tributados",[209] como também, da igualdade material, originada do princípio do estado social, em que o imposto passa a ser instrumento para uma igualdade material, social, de distribuição de riquezas, possibilitando um tratamento diferente, ou seja, institui-se a desigualdade de tratamento, mediante incentivo fiscal, para equilibrar as diferenças regionais, objetivando uma igualdade social ou, antes, uma diminuição das desigualdades sociais. Assim, a capacidade contributiva e o desenvolvimento humano podem sustentar um tratamento desigual. Fora disso a discriminação fiscal fere os direitos humanos, na expressão de Ricardo Lobo Torres, uma vez que a *desigualdade é*

---

[208] Recentemente o BRASIL. Superior Tribunal de Justiça. REsp 444646/RJ. Relator: Min. João Otávio de Noronha, decidiu: Aplica-se a prescrição qüinqüenal, nos termos do art. 1° do Decreto n. 20.910/32, às ações de cobrança de multa administrativa decorrente de ilícito ambiental. 2. "À Administração Pública, na cobrança de seus créditos, deve-se impor a mesma restrição aplicada ao administrado no que se refere às dívidas passivas daquela. Aplicação do princípio da igualdade, corolário do princípio da simetria" (BRASIL. Superior Tribunal de Justiça. REsp n. 623.023/RJ, Relatora: Ministra Eliana Calmon). É a igualdade no tratamento recíproco, devendo isso ocorrer, também, na área tributária.

[209] ÁVILA, 2004a, p. 337.

odiosa, "salvo se houver comprovação de sua razoabilidade",[210] ou seja, que se encontrem presentes razões objetivas e não razões resultantes de critérios jurídicos discriminatórios.[211] Essa desigualdade decorre da necessidade de estabelecer-se uma igualdade material,[212] igualdade que se objetiva não na lei, mas, nas situações fáticas, em razão de que um dos objetivos fundamentais da República, além de erradicar a pobreza e a marginalização, é reduzir as desigualdades sociais e regionais (art. 3°, inc. III, da CF).[213] Essa programação está prevista, também, no artigo 43 da CF, ao determinar: "Para efeitos administrativos, a União poderá articular sua ação em um mesmo complexo geoeconômico e social, visando a seu desenvolvimento e à redução das igualdades regionais". E no § 2°, ao se referir aos incentivos regionais, diz que eles compreenderão: I- *igualdade de tarifas, fretes, seguros e outros itens de custos e preços de responsabilidade do poder público;* II – [...] ; III – *isenções, reduções e diferimento temporário de tributos federais devidos por pessoas físicas e jurídicas.* Noutras palavras, sendo da responsabilidade da União, as tarifas e fretes não levarão em consideração o custo, mas a União manterá a igualdade de preço, ou seja, cobrará mais barato do que o custo, para equilibrar as diferenças regionais e efetivar a igualdade material das regiões.[214] Isso porque é princípio da atividade econômica, com objetivo de assegurar a todos uma existência digna, conforme os ditames da justiça social, *a redução das desigualdades regionais e sociais* (art. 170, VII). É a finalidade extrafiscal, mencionada por Humberto Ávila.[215] Nestas

---

[210] TORRES, Ricardo Lobo. *Tratado de direito constitucional financeiro e tributário.* Rio de Janeiro: Renovar, 1999, v. 3: Os direitos humanos e a tributação: imunidades e isonomia, p. 410.

[211] ALONSO GONZALEZ, 1993, p. 48.

[212] John Rawls estabelece no segundo princípio: "as desigualdades sociais e econômicas devem ser ordenadas de tal modo que sejam ao mesmo tempo (a) consideradas vantajosas para todos dentro dos limites do razoável, e (b) vinculadas a posições e cargos acessíveis a todos" (RAWLS, 2002, p. 64 e p. 332). É preciso, também, uma igualdade material, donde pondera Rawls dizendo que, se a estrutura básica for injusta, esses princípios autorizarão mudanças que podem diminuir as expectativas de alguns dos que estão em situação melhor. "Igualdade de direito sem a igualdade de fato seria um suplício de tântalo", na expressão de Harmand, citado por JOUANJAN, 1992, p. 42.

[213] "[...] a auto-exclusão e a marginalização sociais podem ainda aparecer em virtude dos comportamentos positivos e explícitos impostos pelo princípio da igualdade não serem compreendidos por todos como expressão de uma ponderação ampliados interesses e valores estruturantes da sociedade". E adiante: "Assim, quando se coloca o problema da eventual imposição de um comportamento jurídico diferenciado, por força do princípio da igualdade, deve ponderar-se cuidadosamente a intensidade da lesão de bens ou de valores provenientes da sua não adopção". (GARCIA, 2005, p. 27) Sem a observação dessa ponderação cuidadosa, facilmente tem-se uma diferenciação odiosa.

[214] Máxime considerando, v.g., a região norte de quem se exige a conservação da floresta. A compensação é uma questão de justiça e preservação do princípio da igualdade.

[215] ÁVILA, 2004a, p. 337. "Se o critério, nos fins internos (finalidades fiscais) é a capacidade contributiva, a desigualdade, nos fins externos (finalidades extrafiscais), deve se fundamentar na proporcionalidade, ou seja, o meio (a medida) é apto para promover a finalidade extrafiscal

situações não há violação do princípio da igualdade, porquanto, segundo o Supremo Tribunal Federal, em síntese de Humberto Ávila, não é violada a igualdade quando: "(a) a norma tratar igualmente os contribuintes que se encontram na mesma situação; (b) o tratamento diferenciado não violar nenhum direito fundamental; (c) nenhuma pretensão decorreria do igual tratamento; (d) o tratamento diferenciado possui um fundamento constitucional justificador".[216]

Em relação aos incentivos fiscais, são mais palpáveis as razões a serem ponderadas. Mas, em relação às diferentes alíquotas aplicadas, v.g., no ICMS, nas diferentes regiões, surge a questão da igualdade de todos os brasileiros e a autonomia dos entes tributários que permite uma carga maior numa região do que em outra do Brasil e a autonomia entre os Estados. Essa questão surgiu na Espanha, considerando-se que o estabelecimento da pessoa em determinado território possa ser uma circunstância que justifique um tratamento fiscal distinto do outro não lá residente. Mas deve haver uma justificação para que possa haver tratamento diferenciado. Essa é a razão por que A. Ortiz-Arce afirma que essa diferenciação poderia ser justificada pelo reconhecimento do fato de que a desigualdade na carga tributária ou ônus fiscal, "deve ser proporcional à qualidade e à quantidade dos serviços públicos concedidos pela comunidade autônoma, sem esquecer o nível de capacidade tributária dos atingidos ou beneficiários".[217] Conseqüentemente, se o Estado-Membro, no Brasil, der aos cidadãos um serviço de saúde melhor, melhor educação, melhores estradas, etc., justifica-se que tenha uma carga tributária maior.[218] Da mesma forma, não se justifica, v.g., pretender criar uma unidade familiar para a incidência do imposto de renda sobre o conjunto dos valores auferidos pelos membros da família, como ocorreu na Espanha porquanto haveria uma discriminação, fazendo incidir maior tributo somente pelo fato de a pessoa ser casada[219] sem que houvesse uma justificativa plausível, constituindo-se

---

almejada (relação 'meio-fim'), se a medida consiste no meio mais suave relativamente ao direito fundamental à igualdade de tratamento (relação 'meio x meio') e se as vantagens decorrentes da promoção da finalidade extrafiscal estão em relaçãode proporção com as desvantagens advindas da desigualdade (relação 'vantagnes x desvantagens')". (ÁVILA, 2004a, p. 343).

[216] Ibid., p. 338. Ver acórdãos: RE/203954; R/E 236931-8-SP.

[217] ORTIZ-ARCE, A. *apud* ALONSO GONZALEZ, p. 51. In *El princípio de igualdad en el Derecho Económico*. R.E.D.C. n° 11, 1984, p. 113.

[218] O STF, no RE 6.548, consagra a igualdade da tributação para os habitantes do mesmo Estado. Nada impede que haja aumento para habitante fora desse território. (JACQUES, 1957, p. 200).

[219] No Brasil, o contribuinte opta pela unidade familiar ou pela declaração familiar em razão da opção mais favorável ao contribuinte. A ficção de uma unidade familiar cria ficção de sujeito passivo único, onerando os membros familiares, estabelece uma discriminação com base no estado civil da pessoa, sem haver uma justificativa plausível. Há ofensa ao princípio da igualdade.

tal conduta da tributação em uma discriminação, faltando coerência ao sistema pretendido.[220]

A Constituição veda, por outro lado, discriminações para preservar o princípio da igualdade, no *caput*, do artigo 5°, ao estabelecer os direitos fundamentais: "todos são iguais perante a lei, sem distinção de qualquer natureza, garantindo-se aos brasileiros e estrangeiros residentes no País a inviolabilidade do direito à vida, à liberdade, à igualdade, à segurança e à propriedade, nos seguintes termos:" seguem os incisos dos direitos fundamentais. Nesses, pode-se destacar alguns aspectos clássicos e relacioná-los com o Direito Tributário, como faz Ricardo Lobo Torres: *raça* – é vedado discriminar, no tributo, em razão da raça ou da cor, v.g., estabelecer um tributo que incida somente sobre uma determinada raça; *religião* – todas as religiões, hoje, no Brasil, gozam de imunidade, vedando-se que haja subvenção para alguma delas (art. 19, I); *gênero* – a mulher pode fazer sua declaração do imposto de renda em separado do marido, porquanto a soma dos rendimentos a coloca em situação mais onerosa da solteira;[221] no mesmo sentido, os membros da *família*, se devessem declarar em conjunto; *profissão* – ressaltando-se três limitações, na expressão de Torres, a) imunidade contra o tributo excessivo, que possa aniquilar a atividade profissional; b) a proibição dos privilégios odiosos, não se compreendendo que o advogado que participa de uma sociedade acaba pagando menos tributo do Imposto de Renda do que aquele que advoga individualmente ou de outros profissionais liberais; e c) vedação de discriminações odiosas, a exceção das razoáveis e apoiadas na capacidade contributiva; *ideologia* – não cabe imposto ou carga maior de imposto contra instituição ou pessoa em razão das idéias que ela defende, v.g., revista que trata de religião, instituição que se alinha ideologicamente com o partido político que está no governo; *domicílio* – não pode a lei tributária discriminar em razão do domicílio, a menos que ele indique capacidade contributiva diversa, v.g., IPTU de um bairro luxuoso não pode ser o mesmo de um bairro operário, de casas simples ou barracos, embora a doutrina entenda que o IPTU seja imposto real, sendo irrelevante a capacidade contributiva,[222] entretanto não há como negar que um imóvel localizado num bairro luxuoso indica capacidade econômica maior de seu proprietário do que o de um bairro pobre, mesmo que a planta e a construção do imóvel sejam iguais; *alíquotas* – objetiva "discriminar as diferentes grandezas econômicas para efeito

---

[220] Ver JOUANJAN, 1992, p. 246.

[221] Sobre a igualdade de sexos ou de gênero, ver FERRAJOLI, 1999, p. 83 *et seq.*

[222] ÁVILA, 2004a, p. 369.

de incidência de impostos" de forma a concretizar o princípio da capacidade contributiva, atendendo a um dos seus subprincípios: a proporcionalidade, a progressividade, a seletividade e/ou a personalização.[223] Daí por que o princípio da capacidade contributiva ou econômica "(como critério de aplicação da metanorma da igualdade) impede a instituição de impostos com alíquota fixa nas hipóteses em que seja possível graduar a capacidade econômica do contribuinte por meio de alíquotas progressivas".[224]

O princípio da igualdade afasta o privilégio odioso,[225] vedado pela Constituição, v.g., a concessão, na área econômica, de privilégios fiscais para as empresas públicas e sociedades de economia mista não extensíveis ao setor privado: odioso será todo o privilégio destituído de razoabilidade. "Privilégio odioso é a autolimitação do poder fiscal, por meio da Constituição ou da lei formal, consistente na permissão, destituída de razoabilidade, para que alguém deixe de pagar os tributos que incidem genericamente sobre todos os contribuintes ou receba, com alguns poucos, benefícios inextensíveis aos demais".[226] Dessa forma, mesmo os privilégios na *receita pública,* como a isenção,[227] a anistia,[228] a remissão,[229] o crédito fiscal e a dedução, bem como, na *despesa pública,* a subvenção, o subsídio, a restituição de tributo a título de incentivo,[230] podem constituir privilégios vedados pela Constituição, quando forem estabelecidos sem um critério de razoabilidade. Nesse sentido, incisiva é a decisão do Tribunal Constitucional espanhol, na Sentença 76/1990, de 26 de abril, em seu item 9, sintetiza da seguinte forma a igualdade:

---

[223] TORRES, 1999, p. 416 *et seq.*

[224] ÁVILA, op. cit., p. 360.

[225] TORRES, op. cit., p. 351.

[226] Ibid., p. 357.

[227] Com vigência somente *ad futurum,* a isenção "opera pela derrogação da norma de incidência fiscal, isto é, suspende a eficácia da regra que definiu o fato gerador do tributo". "A isenção deve se basear na idéia de *justiça,* correspondendo aos princípios da capacidade contributiva, redistribuição de rendas ou desenvolvimento econômico" (Ibid., p. 360).

[228] A autoridade fica autorizada a desconhecer o ilícito tributário ou a dispensar a exigência da penalidade tributária não satisfeita ainda. Só se aplica a fatos passados. Anistia tributária não pode ser confundida com anistia penal. A anistia fiscal não pode ser concedida a quem cometeu crime ou contravenção (Artigo 180, inc. I, do CTN). A anistia penal é que se aplica aos crimes tributários, desde que haja lei nesse sentido.

[229] A *remissão* caracteriza-se quando considerar: a situação econômica do sujeito passivo; erro ou ignorância escusável, quanto à matéria de fato; diminuta importância do crédito tributário; considerações de eqüidade em relação com as características pessoais ou materiais do caso e condições peculiares a determinada região ou território tributante. Caracterizada uma das hipóteses da remissão, por despacho fundamentado, a autoridade pode concedê-la, total ou parcialmente.

[230] TORRES, 1999, p. 360.

Sobre o alcance do princípio da igualdade ante a lei, este Tribunal tem elaborado, em numerosas sentenças, uma matizada doutrina cujos traços essenciais podem ser resumidos como segue: a) nem toda a desigualdade de tratamento na lei supõe uma infração do artigo 14 da Constituição, senão que dita infração produz somente aquela desigualdade que introduz uma diferença entre aquelas situações que podem ser consideradas iguais e que carece de uma justificação objetiva e razoável; b) o princípio da igualdade exige que, para pressupostos de fato iguais, se apliquem iguais conseqüências jurídicas, devendo considerar-se iguais pressupostos de fato quando a utilização ou introdução de elementos diferenciadores seja arbitrária ou não tenha fundamento racional; c) o princípio da igualdade não proíbe ao legislador qualquer desigualdade de tratamento, mas somente aquelas desigualdades que resultem artificiosas, ou injustificadas por não virem fundadas em critérios objetivos e suficientemente razoáveis de acordo com critérios ou juízos de valor geralmente aceitos; d) por fim, para que a diferenciação resulte constitucionalmente lícita, não basta que seja o fim que com ela se busca, mas é indispensável ainda que as conseqüências jurídicas resultantes da distinção sejam adequadas e proporcionais a dito fim, de modo que a relação entre a medida adotada e o resultado que se produz e o fim pretendido pelo legislador superem um juízo de proporcionalidade em sede constitucional, evitando resultados especialmente gravosos ou desmedidos.[231]

Assim, ausente uma prova robusta de sua razoabilidade, tais benefícios fiscais resultam, como tendência geral de interpretação, privilégios odiosos, porquanto a desigualdade, a discriminação, só não ofende ao princípio da igualdade quando ela for justificada. Em razão disso, conforme Alonso Gonzalez,

o que não se protege como direito fundamental é a igualdade material ou de fato frente a desigualdades de tratamento derivadas de circunstâncias objetivas e razoáveis e não de critérios jurídicos discriminatórios. E, em pressupostos de presumida desigualdade na aplicação da lei, como isso de que tratamos, podia-se agregar que tais diferenciações não podem ser protegidas a partir de um plano lógico por impossibilidade objetiva de conseguir um tratamento uniforme para situações não-homogêneas que têm sua causa não na lei, mas em fatos.[232]

Portanto o princípio da igualdade é o elemento ético da tributação, não só no plano formal, pela generalidade e abstração, como no plano material, por meio do critério-princípio da capacidade contributiva, de forma a evitar o caráter confiscatório (arbítrio) bem como respeitando o mínimo essencial para uma vida digna do cidadão e pelos benefícios fiscais para resgatar as diferenças regionais.

---

[231] ALONSO GONZALEZ, 1993, p. 442-443.

[232] Ibid., p. 48.

O PRINCÍPIO DA IGUALDADE E O ERRO PENAL TRIBUTÁRIO

2.2. O direito tributário como instrumento da igualdade

Viu-se o princípio da igualdade no Direito Tributário. Mas há outra faceta fundamental que diz respeito ao Direito Tributário como instrumento de efetivação do princípio da igualdade material. A democracia moderna exige que o Estado pratique ações positivas para efetivar a igualdade, especialmente quando as pessoas estão abaixo da linha do mínimo exigível para a dignidade humana. Tem ele por finalidade a realização de seus fins sociais. E isso somente vai ser possível com a tributação. Esta dá os recursos necessários ao Estado para a realização das ações positivas. Como observam Figueiredo Dias e Costa Andrade, "as exigências do étimo Estado-*de-direito* fizeram penetrar a racionalidade fiscal das categorias e dos valores da *legalidade* e da *igualdade*".[233] Assim, exerce o Direito Tributário papel relevante nas democracias modernas quanto à efetiva realização do princípio da igualdade no seu aspecto substancial,[234] sendo fator de reequilíbrio das desigualdades sociais, por meio de ações positivas, deixando de lado sua atitude meramente passiva, especialmente no sentido de resgatar a dignidade humana de todos os cidadãos. Aí o Estado poderá dar efetividade ao princípio da igualdade nos termos da constituição, constituindo um real progresso em relação ao princípio da igualdade, especialmente em razão da metódica conduta passiva do Estado, a que se limita a não-discriminar, "para converter-se em uma obrigação de fazer, ainda que não necessariamente numa obrigação de resultado".[235]

Dessa forma, a ordem tributária é um bem jurídico que é, para o Estado, instrumento de realização de seus fins sociais. Como bem jurídico constitucional, mesmo num direito penal mínimo, merece a proteção do Direito Penal, uma vez que sua lesão atinge a toda a sociedade, desestruturando o projeto social preconizado pela Constituição. Insere-se isso na lição de Terradillos Basoco, ao afir-

---

[233] DIAS, Jorge Figueiredo; ANDRADE, Manuel da Costa. O crime de fraude fiscal no novo direito penal português. In: SOUZA, Alfredo José de e outros. *Direito penal econômico e europeu*: textos doutrinários. Coimbra: Coimbra, 1999, v.2: problemas especiais, p. 415.

[234] Encarnación Fernández observa que a igualdade substancial pode se manifestar de vários modos, destacando-se a *igualdade de oportunidades* e a *igualdade de resultados*, sendo que este último implica especial atenção ao princípio de igual satisfação das necessidades básicas. (FERNÁNDEZ, 2003, p.122-145)

[235] CEPEDA E. Manuel J. *Los derechos fundamentales en la constituición de 1991*. Santa Fé de Bogotá: Temis, 1997, p. 100. Para realização material do princípio da igualdade, autores sustentam, inclusive a aplicação da analogia em matéria tributária, cuja proibição é de "duvidosa eficácia". Xavier sustenta que " as doutrinas mais recentes, espanhola, italiana, alemã e parte restrita da doutrina fiscal portuguesa, admitem o procedimento analógico no campo do Direito Fiscal, como instrumento idóneo *para a realização do princípio constitucional da igualdade fiscal*" (XAVIER, 2006, p. 224).

mar que, ultimamente, vê-se uma propensão para "programas de criminalização e descriminalização tendentes a proporcionar tutela penal para um catálogo de bens, direitos e interesses de relevância constitucional", como é o caso do direito penal tributário, e, em concretização de tal tendência, "está se aceitando a necessidade de acentuar a pressão penal num setor que, ainda que com exceções, havia sido imune a ela, o dos bens jurídicos de caráter social, coletivo, supraindividual ou difuso [...]".[236] E, nesse contexto, insere-se a ordem tributária cuja configuração constitucional faz dela instrumento relevante e imprescindível para que o Estado subsista e realize seus fins sociais, ou, como disse o governo português, ao propor a lei que se converteu na de n. 89/89:

> Hoje, porém, é dado adquirido, quer na doutrina quer na jurisprudência, a eticização do direito penal fiscal, uma vez que o sistema fiscal não visa apenas arrecadar o máximo de receitas mas, também uma maior justiça distributiva dos rendimentos entre os cidadãos, tendo em conta as necessidades de financiamento das atividades sociais do Estado.[237]

Assim, resulta ser o Direito Tributário um instrumento hodierno para que o Estado possa dar efetividade ao princípio da igualdade por meio de ações positivas, inclusive como ação positiva de natureza normativa penal[238] que tipifica os crimes tributários. Na estrutura do Estado, tem relevância das mais destacadas, como essencial para o funcionamento do Estado. Decorre disso a necessidade de ser protegida a ordem tributária penalmente, porquanto, constitucionalmente, ela constitui um bem jurídico relevante para toda a sociedade, sendo ela regida pelos princípios da legalidade, da igualdade e justiça social.

2.3. A igualdade penal tributária

Como o Direito Penal conflitua com um direito fundamental que é a liberdade, ressalta, daí, a maior relevância do princípio da

---

[236] TERRADILLOS BASOCO, Juan. *Derecho penal de la empresa*. Madri: Trotta, 1995, p. 46.

[237] DIÁRIO DA ASSEMBLÉIA DA REPÚBLICA, 19 abr. 1989, I Série, V Legislatura, p. 2243. apud DIAS; ANDRADE, 1999, p. 415, nota 8. E, na mesma nota, acrescenta: "Fugir aos impostos legitimamente criados não é um comportamento digno de aplauso, mas, outrossim, a infracção a um dever fundamental de cidadania. Nesse sentido dizemos que os impostos fazem parte da cidadania. O direito penal tributário não é um domínio globalmente destituído de relevância ética e tem sido progressivamente pentrado pelos valores do direito penal". (DIÁRIO DA ASSEMBLÉIA DA REPÚBLICA, 1 jul. 1993, I Série, VI Legislatura, p. 2944)

[238] Ver CANOTILHO, 1993, p. 538.

igualdade em matéria penal. Por isso, vedam-se tribunais de exceção, determina-se inexistir crime sem lei anterior que o defina, estabelece-se a sacralidade do princípio do contraditório e da ampla defesa, anulando-se o processo em que o réu não teve defesa efetiva, em que não se observou a igualdade entre as partes,[239] etc. A aplicação segura do direito, na expressão de Bacigalupo, é uma questão de igualdade.[240] Todos têm direito a um mesmo tratamento, atendendo-se, ao mesmo tempo, o princípio da individualização da pena e da culpabilidade. Com isso, existindo pressupostos iguais, não é viável que haja decisões díspares, ou seja, viola o princípio da igualdade, segundo o Tribunal Constitucional espanhol, "quando o mesmo preceito aplica-se a casos iguais com notória desigualdade *por motivações arbitrárias* (i.é, não fundadas em razões jurídicas atendíveis) ou com apoio em alguma das causas de discriminação explícitas ou genericamente incluídas no artigo 14 da Constituição"[241] espanhola e que corresponde ao nosso artigo 5º dos direitos fundamentais. No mesmo sentido, Hassemer, ao abordar o plano da imputação da culpabilidade, diz que "a valoração dos graus de participação interna deve ter conseqüências para a reação jurídico-penal à conduta delitiva: a reação deve estar relacionada com o grau de participação interna".[242] Assim, conforme os graus normativos de participação haveria a aplicação da pena, atendendo-se ao princípio da igualdade: deve-se tratar desigualmente aos desiguais. E acrescenta:

os diferentes graus de participação interna como critérios de desigualdade de condutas devem ser apreciados ainda em um outro princípio constitucional. A conduta humana que qualifica desigualmente é motivo para uma reação penal (pena). Conseqüentemente para esta reação, a sua duração e a sua gravidade devem ser inseridas em uma relação. Em nossa cultura jurídica esta relação é pensada não só como algo exterior, como algo formal; o princípio da proporcionalidade, da proibição do excesso ou da igualdade no sacrifício, que está formulado expressamente somente em um lugar no texto da lei, como princípio geral do Direito, mas que também serve de base ao Direito Penal, exige mais. Ele exige uma concordância substancial entre ação e reação, entre causa e conseqüência, entre delito e reação jurídico-penal. Ele é parte do postulado de justiça: ninguém pode ser sobrecarregado ou lesionado por medidas jurídicas desproporcionais. O dolo e a culpa, como graus desiguais de

---

[239] O STF, v.g., entendeu que "viola o princípio constitucional da isonomia a negativa de extensão de ordem concedida a co-réu, sem que existam fatores reais de diferenciação entre a situação do último e a dos demais". (BRASIL. Supremo Tribunal Federal. HC 86758/PR. Relator Min. Sepúlveda Pertence)

[240] BACIGALUPO, 2002a, p. 227.

[241] Ibid., p. 230.

[242] HASSEMER, Winfried. *Introdução aos fundamentos do direito penal*. Tradução Pablo Rodrigo A. da Silva. Porto Alegre: Fabris, 2005, p. 300.

participação interna, exigem, portanto, a distinção na incidência das conseqüências jurídico-penais nos participantes.[243]

Ora, a maiorias dos delitos prevê pena privativa de liberdade. Romper com a liberdade é conflituar com o princípio da dignidade humana, impondo-se a ponderação nos termos de Alexy.[244] E se romper com a liberdade já é grave, romper com ela sem a observância do princípio da igualdade seria calamitoso se não houvesse uma justificativa razoável. Daí ter razão Hassemer ao defender o princípio da igualdade, ao reverso, no sentido de que a graus de desiguais de participação interna (dolo e culpa) aplicam-se penas diferentes, entrando em ação o princípio da proporcionalidade.

Maurício Antonio Ribeiro Lopes aponta que "o princípio da igualdade reflete-se no Direito Penal em três momentos distintos, um deles na fase cognitiva, outro na fase aplicatória e um terceiro quando do momento da execução da sanção penal".[245]

A igualdade formal impõe que a lei penal deva ser geral e abstrata. Isso significa que "condutas idênticas que preenchessem a descrição legal do fato, estando sujeitos à mesma sanção abstrata todos os autores de ação idêntica".[246] Ou ações semelhantes devem ter a pena proporcional às diferenças. Sarlet e Streck sustentam que há violação do princípio da isonomia e proporcionalidade quanto à pena do furto qualificado em relação ao roubo qualificado.[247]

Mas não basta a generalidade, a universalidade e a abstração, a lei penal deve ser aplicada com igualdade, atendendo-se a culpabilidade de cada um. Em Direito Penal, deve-se atender ao princípio da igualdade não só na criação da lei, mas, na aplicação da lei, ou seja, a graus desiguais de participação interna, aplicam-se penas diferentes. Da mesma forma que no Direito Tributário é a capacidade contributiva o elemento fundamental para a tributação, no Direito Penal é a culpabilidade que vai determinar a aplicação da pena, mas sem arbitrariedade. O arbítrio rompe com o princípio da igualdade.

E, também, na execução da pena, deve-se atender ao princípio da igualdade, podendo-se estabelecer a desigualdade de cumprimento em razão do *mérito* de cada sentenciado no cumprimento da pena.

---

[243] HASSEMER, 2005, p. 300. Ver PALAZZO, Francesco C. *Valores constitucionais e direito penal.* Tradução Gérson Pereira dos Santos. Porto Alegre: Fabris, 1989, p. 52 *et seq.*

[244] ALEXY, 2002, p. 92 *et seq.*

[245] LOPES, Maurício Antonio Ribeiro. *Princípios políticos do direito penal.* 2. ed. São Paulo: Revista dos Tribunais, 1999, p. 280.

[246] Ibid., p. 280.

[247] SARLET, Ingo Wolfgang. Constituição e proporcionalidade: o direito penal e os direitos fundamentais entre proibição de excesso e de insuficiência. *Revista da AJURIS*, Porto Alegre, v. 32, p. 105-149, 2003, p. 138.

E a lei penal tributária atende ao princípio da igualdade perante a lei? Seu teor indica que ela se dirige a qualquer pessoa que pratique a ação ou conduta nela prevista. Logo, pelo prisma formal, ela deve observar o princípio da igualdade. Ela não pode individualizar, nem personalizar. Mas, por que razão estabelecer norma penal especial, havendo a norma geral do Código Penal, onde há previsão de punição da falsidade, uma vez que esta é crime-meio da sonegação? Ocorre que, na legislação brasileira, a Lei n. 8.137/90 veio substituir a Lei n. 4.729/65. Esta, sim, era uma lei que rompia com o princípio da igualdade, uma vez que, também, continha a falsidade material ou ideológica como crime-meio, mas aplicava a pena de 6 meses a 2 anos de detenção, quando o crime-meio tinha pena bem mais elevada. Noutras palavras, se alguém falsificasse um documento para ludibriar um cidadão, a pena seria de, no mínimo, um ano se o documento fosse particular, e de 2 anos se fosse documento público. Entretanto, se a falsificação fosse feita para lograr o fisco, a pena seria reduzida ao mínimo de 6 meses. Havia, portanto, uma quebra do princípio da igualdade uma vez que inexistia qualquer justificativa razoável para a discriminação. Já a Lei n. 8.137/90 estabeleceu como pena mínima a pena existente para a falsificação de documento público. Noutras palavras, a nova lei resgatou o princípio da igualdade, estabelecendo a pena-base igual para o crime-fim daquela existente para o crime-meio, afastando a diferença. Se a falsidade é punida nos crimes comuns, não há razão alguma para que não seja punida, de forma ao menos semelhante, na área tributária, especialmente quando, em seu sistema, se adota o autolançamento ou lançamento por homologação, pelo qual a veracidade das declarações exercem relevância fundamental para a existência e preservação do sistema. Tal sistema, estrutural para o Estado, somente funcionará bem se houver a observância da veracidade nas declarações e documentos fiscais. Não há razão alguma para se punir mais brandamente ou para se deixar impune quem por meio da falsidade, material ou ideológica, reduz ou suprime tributo. Conseqüentemente, não há razão alguma para que a falsidade, inserida na área tributária, não seja punida, no mínimo, como é punida na esfera dos delitos comuns. Entretanto ela só terá relevância para os crimes tributários do artigo 1°, na medida em que reduzir ou suprimir tributo. Sem esse resultado, constitui ela crime comum do Código Penal.

Da mesma forma, em relação aos crimes do artigo 2° da Lei n° 8.137/90: embora crimes formais, diversamente do artigo 1° que são materiais e de dano, têm eles, também, correspondentes no Código Penal. No inciso I, tem-se falsidade; no inciso II, a apropriação indébita está subjacente nas elementares *cobrado* ou *descontado*, embora não se exija o dolo correspondente; no inciso III, seria concussão se, em vez de particular, o agente fosse funcionário público; no inciso IV, é o desvio de finalidade dos incentivos fiscais. Nesse desvio, há falsidade; no inciso V, tem-se a falsidade por meio de programa de computação. E nos crimes do artigo 3°, crimes praticados por funcionário público, os tipos penais previstos correspondem a tipos penais existentes no Código Penal: inciso I, corresponde ao crime do artigo 314; inciso II, corresponde aos crimes do artigo 316 (concussão) e 317 (corrupção passiva); e o inciso III, corresponde ao artigo 321 (advocacia administrativa) do Código Penal. Dessa forma, não há tratamento diferenciado na tipificação das condutas dos crimes tributários, mas uma especificação penal tributária de tipos penais comuns, ou seja, a uma especialidade em que o crime-meio está previsto no Código Penal – falsidade material ou ideológica – a qual, quando usada para a redução ou a supressão do tributo e obtida uma delas, constitui crime especial, e, não obtida a redução ou a supressão do tributo, nem em sua forma tentada, subsiste o crime-meio da falsidade.

A necessidade de a sociedade combater os crimes tributários encontra razão de existir não só do fato de que a ordem tributária é um bem relevante, inserido na própria Constituição, como, em boa parte, do princípio da igualdade, porquanto aquele que os pratica dispõe do poder da concorrência desleal em relação aos demais contribuintes situados na área de sua atividade. Se fosse ela deixada de lado, o autor do crime tributário passaria a ter uma vantagem em relação aos demais contribuintes, ou seja, aquele que age de forma contrária ao direito estaria sendo beneficiado em razão da concorrência desleal. Veja-se o seguinte exemplo ocorrido em 1989: um supermercado de Porto Alegre adquiria feijão a NCZ$ 0,57 o kg. Entretanto, a nota fiscal de entrada da mercadoria era de um calçadista que lhe dava a nota fiscal no valor de NCZ$ 9,00 o kg. Com isso, o agente do supermercado inseria, em sua contabilidade, para cada quilograma de feijão que custava NCZ$ 0,57 (cruzados novos), NCZ$ 1,53 como crédito. A conseqüência prática era de que ele poderia dar de graça o feijão, restando-lhe ainda NCZ$ 0,96 (cruzados novos) por quilo de crédito.[248] Nenhum contribuinte honesto poderia concorrer com tal comerciante. É exatamente a concorrência desleal o primeiro resultado prático da ação daquele que pratica crime tributário, o qual cria uma diferença ilegal entre os comerciantes e outras profissões, sendo ela uma das razões que fundamentam a necessidade de com-

---

[248] O exemplo é oriundo de uma investigação de 1989, tendo havido o acerto do tributo e extinta a punibilidade. Ver: LOVATTO, Alecio Adão. *Crimes tributários*. 2. ed. Porto Alegre: Livraria do Advogado, 2002.

bate aos crimes tributários. E o Estado, em tais circunstâncias, tem o dever de agir não só na defesa da ordem tributária, como para garantir um dos pilares da Constituição: a igualdade entre os cidadãos, a igualdade entre os que comerciam, os que industrializam ou prestam serviços. Por sua vez, os cidadãos e pessoas jurídicas têm direito subjetivo (direito fundamental da igualdade) de exigir do Estado ações positivas contra os crimes, evitando, dessa forma, a concorrência desleal. A conduta do Estado com ações positivas garante uma igualdade material. A igualdade formal, na criação da lei, ao instituir tributos de nada valerá para preservar o princípio sem que haja ações positivas do Estado para a efetiva concretização da igualdade. Não se pode olvidar que

> o Direito Penal é, por excelência, a ciência humana destinada a proteger os valores e os bens fundamentais do homem. A sua tutela envolve também a comunidade e o Estado como expressões coletivas da pessoa humana, em torno de quem gravitam os interesses de complexa e envolvente ordem.[249]

A igualdade é um dos direitos fundamentais. Acrescente-se, ainda, que o Estado tem o dever de dar efetividade aos direitos sociais com ações de prestação, e tais ações somente poderão ser realizadas se o Estado tiver condições econômicas advindas do sistema tributário criado na Constituição. Os crimes tributários reduzem a capacidade prestacional do Estado, impondo-se, também por tal motivo, não só a proteção do Direito Penal, como também o empenho do Estado em combatê-los.[250] Ademais, eles atingem a própria coletividade, quer por diminuir a capacidade prestacional, quer por induzir o Estado omisso a aumentar a tributação para os contribuintes cumpridores de suas obrigações.

2.4. Tratamento diferente na lei penal tributária

Impõe-se norma especial quando a situação for diferente, porquanto estar-se-ia tratando de forma desigual aos desiguais. Editou-se a norma especial da Lei 8.137/90, visto que não basta a falsidade praticada, é necessário que ela reduza ou suprima o tributo. Ademais, existem outras normas especiais, não tipificadoras de delitos, mas de natureza de direito material, dando tratamento diferenciado nos crimes tributários. Tais normas especiais ofendem ou não ao princípio da igualdade? Há justificativa para tais normas especiais

[249] LOPES, 1999, *Princípios...*, p. 280.
[250] SARLET, 2003, p. 113.

nos crimes tributários? Como normas especiais na área penal tributária, destacam-se:

a) *extinção da punibilidade pelo pagamento do tributo* (art. 34 da Lei nº 9.249/95), em que o legislador ponderou a igualdade de um lado e a necessidade dos recursos públicos de outro, optando por beneficiar aquele que, antes do recebimento da denúncia, efetuasse o pagamento do tributo, reparando o dano resultante do crime. Como o benefício não existe no Direito Penal comum, em que a reparação do dano é tão-somente minorante (art. 16 do CP), quando feita antes do recebimento da denúncia, ou é atenuante, quando feita entre o recebimento da denúncia e a sentença, o que se constata é que existe tratamento diferenciado para situações semelhantes, cujo *tertium comparationis* é a *reparação do dano* antes do recebimento da denúncia. Há equivocada aplicação do benefício em ofensa ao princípio da igualdade.[251] Há um *plus* privilegiado para o autor do crime tributário em relação aos demais cidadãos (o privilégio é odioso), uma vez que estes, reparando o dano, têm uma redução da pena, enquanto o autor de crime tributário, reparando o dano antes do recebimento da denúncia, tem extinta a punibilidade. Seria mais adequada a minorante do artigo 16 do CP, com a redução da pena de um a dois terços. Aliás, o Procurador-Geral da República, em relação ao artigo 9º da Lei nº 10.684/03, que possibilita a suspensão da pretensão punitiva do Estado, durante o período em que a pessoa jurídica relacionada com os aludidos crimes estiver incluída no regime de parcelamento, possibilitanto a extinção da punibilidade pelo pagamento integral das prestações, suscitou a ADIN 3.002, visando à declaração de inconstitucionalidade do referido artigo e parágrafos, sob a alegação de que a concessão do benefício "a quem não só deixou de cumprir com suas obrigações fiscais, mas tentou ludibriar, enganar, falsificando ou omitindo declarações, tudo com o dolo de não recolher o tributo devido ao Estado-cobrador" feria "o princípio republicano, bem como seus subprincípios concretizadores, como a igualdade, a cidadania e a moralidade". Por entender que faltava objetividade, o Ministro-relator indeferiu a liminar postulada, presumindo a constitucionalidade da lei porquanto emanada do corpo legislativo constitucionalmente competente para criá-la".[252]

---

[251] Embora a matéria possa merecer crítica, porquanto haveria um privilégio para a extinção da punibilidade para quem repara o dano causado aos cofres públicos e não haveria para aquele que reparasse o dano a um particular, a ponderação mencionada justifica, em parte, a diferença.

Na legislação italiana o pagamento do tributo é circunstância atenuante – minorante – em que se reduz a pena até a metade, não se aplicando as penas acessórias (artigo 13 da D.LGS. 10 MARZO 2000, n. 74). No Direito espanhol, o artigo 305.4 do novo Código Penal, isenta de pena aquele que regulariza a sua situação tributária antes que a administração notifique o agente.

[252] Consigne-se que outro dos fundamentos da ADIN era que a matéria estava sendo legislada por medida provisória, sendo esta incabível em matéria penal. Ainda, não se trata de prisão

A questão merece uma análise mais acurada. O voto do Ministro Gilmar Mendes aborda a matéria no RE 418376, no qual cita Lenio Luiz Streck:

> Trata-se de entender, assim, que a proporcionalidade possui uma dupla face: de proteção positiva e proteção de omissões estatais. Ou seja, a inconstitucionalidade pode ser decorrente de excesso do Estado, caso em que determinado ato é desarrazoado, resultando desproporcional o resultado do sopesamento (*Abwägung*) entre fins e meios; de outro, a inconstitucionalidade pode advir de proteção insuficiente de um direito fundamental-social, como ocorre quando o Estado abre mão do uso de determinadas sanções penais ou administrativas para proteger determinados bens jurídicos. Este duplo viés do princípio da proporcionalidade decorre da necessária vinculação de todos os atos estatais à materialidade da Constituição, e que tem como conseqüência a sensível diminuição da discricionariedade (liberdade de conformação) do legislador.[253]

Streck sustenta a inconstitucionalidade de artigo semelhante (Lei do REFIS e do PAES), aduzindo que o artigo 9° da Lei n° 10.684/03 é inconstitucional "porque viola o princípio da proibição de proteção deficiente (*Untermassverbot*)" que denomina de descriminalização da sonegação de tributos, questionando se

> tinha o legislador discricionariedade (liberdade de conformação) para, de forma indireta, descriminalizar os crimes fiscais (*latu sensu*, na medida em que estão incluídos todos os crimes de sonegação de contribuição social da previdência social)? Poderia o legislador retirar da órbita da proteção penal as condutas dessa espécie? Creio que a resposta a tais perguntas deve ser negativa.[254]

Isso em razão de que, para o legislador, seria mais grave furtar ou praticar estelionato do que a supressão de tributos mediante a falsidade. Em conseqüência disso, Streck sustenta, pelo princípio da isonomia, a aplicação da extinção da punibilidade a outros fatos em que ocorre a reparação do dano, ou seja, quando a *res furtiva*, nos casos sem violência, for devolvida ou totalmente recuperada.[255]

a) *a delação premiada* do parágrafo único do artigo 16 da Lei n° 8.137/90, prevista como minorante, é norma especial que já exis-

---

por dívida, porquanto o tributo deve ter a qualidade de *descontado* ou *cobrado*, elementares que dão a característica de apropriação indébita para quem não recolhe o tributo (IR descontado na fonte;IPI cobrado na venda do produto industrializado; IOF nas operações financeiras; ICMS na substituição tributária). Afasta-se a incidência do crime no não recolhimento de ICMS de responsabilidade própria, porquanto falta a qualidade de *descontado* ou *cobrado*, sendo mera inadimplência (Ver: LOVATTO, 2002, p. 121 *et seq.*).

[253] STRECK, 2006, nota 34, p. 231; STRECK, Lenio Luiz. A dupla face do princípio da proporcionalidade: da proibição de excesso (*übermmassbrot*) à proibição de proteção deficiente (*untermassverbot*) ou de como não há blindagem contra normas penais inconstitucionais. *Revista da AJURIS*, Porto Alegre, v. 97, 2005, p. 193.

[254] STRECK, 2006, p. 158.

[255] Ibid., p. 185.

te em outros ramos de Direito com o mesmo sentido de beneficiar aquele que facilita a descoberta de crimes cometidos em co-autoria ou quadrilha. Dá-se ao sonegador co-autor ou membro da quadrilha o mesmo benefício dado a outros criminosos em situação semelhante. Evidentemente, a aplicação do benefício deve ser necessária, deve ser justificada, e a colaboração deve ser objetiva. Aplicar o benefício ao bel prazer ofende ao princípio da igualdade, como aplicá-lo sem justificativa razoável constitui arbítrio.

b) *as majorantes do artigo 12 da Lei n. 8.137/90*, aquelas aplicáveis à sonegação fiscal, uma vez que a terceira só se aplica aos crimes contra a ordem econômica e às relações de consumo, exatamente porque inexiste razão pela qual se possa atribuir maior reprovabilidade da conduta do sonegador,[256] traduzem um agravamento da pena em duas situações: se houver grave dano à coletividade, e a segunda, se o crime for cometido por funcionário público no exercício de sua função. Haverá grave dano à coletividade quando a sonegação for vultosa. O fato típico, no Brasil, independe, como na Espanha do valor sonegado. Lá, até certo valor, a infração é somente administrativa. Aqui, se não for crime de bagatela, a teor do próprio Direito Tributário, só há a majorante para a sonegação vultosa. É um dano maior à sociedade, ou seja, constitui situação fática diversa da sonegação comum, de forma que o apenamento também difere, o que justifica a majoração. Já o fato praticado pelo funcionário público no exercício das funções somente pode ocorrer se o funcionário for co-autor ou partícipe. Como se trata de fato em que ele está no exercício de suas funções, o que ocorre é justamente um comportamento do funcionário traindo suas funções, justificando-se um apenamento maior, porquanto sua situação é diversa da dos outros sonegadores: ele, em razão da função, tem o dever jurídico de zelar pela coisa pública. É o que decorre da lição de Juan Carlos Carbonell Mateu, em citação e tradução de Marcelo Augusto Custódio Erbella:

> O princípio da igualdade não supõe outorgar a todos um tratamento uniforme, mas não discriminatório. E a não discriminação não é outra coisa que a justificação do tratamento desigual. Resulta fácil entender que a lei penal pode contemplar condutas que somente sejam puníveis para um reduzido grupo de pessoas, ou inclusive para uma só, se somente elas podem causar um prejuízo concreto à comunidade ou às liberdades dos cidadãos: funcionários públicos, membros do governo, autoridades, juízes, etc. E, de igual modo, é necessário outorgar uma tutela específica a determinadas pessoas em função do papel que desenvolvem na vida social: não alcançam

---

[256] Aliás, se o agente sonegar na venda de produtos da cesta básica ou de remédios, pode vender mais barato, o que geralmente faz em concorrência desleal, inexistindo reprovabilidade maior na sonegação. Diferentemente, nos crimes contra a economia e contra as relações de consumo, existe reprovabilidade maior, uma vez que o agente se aproveita da necessidade de tais produtos para, v.g, aumentar o preço, quando retira tais produtos da "prateleira".

o mesmo significado as injúrias lançadas contra um cidadão comum em relação àquelas ofensivas ao Presidente do Governo ou ao Chefe do Estado. Isso porque a necessidade de tutela de sua função é diferente.[257]

É que o princípio da igualdade não pode ser um princípio vazio, ele exige, para sua plenitude, a efetivação da "igualdade material, ou seja, a igualdade por meio da lei, sendo dirigido, por isso, não só ao juiz ou ao administrador, mas também ao legislador, na medida em que o vincula à criação de um direito igual para todos os cidadãos"[258] Daí se justifica o tratamento mais severo ao funcionário público que, no exercício de suas funções pratica crime tributário.

a) Há um tratamento diferenciado em relação aos demais crimes quando a Lei n° 8.137/90, artigo 10, determina que, na fixação da *multa*, o juiz pode diminuí-la até 10 vezes ou aumentá-la ao décuplo, considerando o ganho ilícito com a sonegação e a situação econômica do réu, caso verifique ser ela excessiva ou insuficiente. Não há norma semelhante no direito penal comum. Entra como ponto comparativo um princípio de Direito Tributário, o da capacidade contributiva do agente. Daí a discriminação por serem diferentes as situações: para o pobre pode ter caráter de confisco e para o rico pode ser irrisória a multa, não tendo os efeitos que lhe são próprios. Dessa forma, a justificativa do poder de discriminação dado ao juiz na aplicação da multa penal, sob pena de ofensa ao princípio da igualdade,[259] corresponde à que possa aplicar a multa mais alta para quem tem poder aquisitivo maior e mais baixa para quem tem poder aquisitivo menor. A lei trata de forma desigual aos desiguais, não havendo ofensa ao princípio da igualdade, porquanto traz como justificativa um fundamento elementar de Direito Tributário.

Fora das exceções supra, objetos de normas diferenciadoras nos crimes contra a ordem tributária, aplicam-se as normas gerais do Código Penal: em relação aos conflitos de leis no tempo, ao conflito aparente de normas, ao concurso de crimes, ao concurso de pessoas, ao tempo de prescrição (causas de suspensão ou interrupção), às causas outras de extinção da punibilidade (morte do agente, prescrição, anistia...) e, entre as demais, às normas sobre o erro. Diversamente do Direito Penal Tributário alemão, cuja antiga Ordenação

---

[257] ERBELA, Marcelo Augusto Custódio. A legitimação do direito processual penal no estado democrático do direito. In: COSTA, José de Faria; SILVA, Marco Antonio Marques (Coord.). *Direito penal especial, processo penal e direitos fundamentais*: visão luso-brasileira. São Paulo: Quartier Latin, 2006, p. 949.

[258] Ibid., p. 948.

[259] Alonso Gonzalez faz considerações sobre o princípio da capacidade contributiva aplicada e a gravidade da sanção, afirmando que não existe entre elas uma relação unívoca, direta e automática (ALONSO GONZALEZ, 1993, p. 220-221).

Tributária do Império tinha norma específica relacionada à matéria do erro (§ 395, 1 e 2) e a Lei sobre Infrações administrativas (OWiG), a legislação penal brasileira não prevê norma especial sobre o erro penal tributário, prevendo tão-somente a possibilidade de ocorrência de erro ou ignorância escusáveis do sujeito passivo, quanto à matéria de fato, na área administrativa (CTN, art. 172, II). Mas a Alemanha, em 1975, editou nova parte geral do Código Penal, aplicando os §§ 16 e 17 aos crimes tributários. Na Espanha, Alonso Gonzalez afirma que

> com efeito, o erro não se encontra contemplado no artigo 77.4 da L.G.T. entre as circunstâncias eximentes de responsabilidade, mas isso não deve fazer pensar numa introdução do regime de responsabilidade objetiva. "Se não há responsabilidade objetiva – afirma o Tribunal –, não é necessário que se faça constar expressamente o erro de direito como causa que exonere a dita responsabilidade". Seus efeitos serão de isenção ou atenuação, especialmente para o erro invencível, como correspondente a um sistema de responsabilidade subjetiva.[260]

Para o Tribunal Constitucional espanhol, haveria, pois, com a não-aceitação das normas gerais do Direito Penal para o erro, uma ofensa ao princípio da igualdade, transformando-se a responsabilidade penal, que é subjetiva, em responsabilidade objetiva, nos crimes tributários, ao arrepio de toda a doutrina e jurisprudência criminais.[261]

Ademais, na esfera penal tributária, verificam-se diferenciações entre contribuintes: os de profissão regulamentada, comerciante, industrial e o indivíduo, consumidor, contribuinte eventual. Ambos são iguais em muitos aspectos. Mas o que interessa em relação aos tributos é exatamente a diferença que existe entre ambos: os administradores de pessoas jurídicas e os administradores de entes despersonalizados têm obrigação de assessorar-se de técnicos, enquanto o indivíduo-consumidor, não. Daí, a desigualdade entre ambos, em razão da obrigação legal de assessoria técnica, uma vez que o Direito Tributário é complexo. E os desiguais devem ser tratados desigualmente. É evidente que, havendo a obrigação de assessoria de se informar, se reflete tal aspecto na questão de o erro ser evitável ou inevitável, inexistindo ofensa ao princípio da igualdade.

Destarte, ao erro penal tributário aplicam-se as regras do erro penal, inseridas na parte geral do Código Penal. Como os crimes

---

[260] ALONSO GONZALEZ, 1993, p. 216.

[261] A inserção da responsabilidade objetiva em Direito Penal criaria uma discriminação odiosa. Se a responsabilidade tributária é objetiva, decorre ela da própria responsabilidade dos administradores da empresa. Mas, quando se trata de liberdade, princípio maior da Constituição, não há como frustrar o direito à liberdade por fato ocorrido sem a responsabilidade subjetiva do imputado.

tributários têm elementares praticamente iguais às previstas nos artigos mencionados do Código Penal e como não há, em linhas gerais, nenhum motivo razoável ou idôneo para a existência de um tratamento diverso, não há razão para que não se dê igual tratamento jurídico ao autor de crime tributário, como se dá àqueles que praticam a falsidade ou outro crime, no que se refere ao erro penal tributário.

Por outro lado, a complexidade do Direito Tributário não é razão suficiente para, *a priori*, admitir-se a existência do erro que afastaria a incidência da norma penal, porquanto para os administradores das pessoas jurídicas e dos entes despersonalizados existe, juridicamente, o dever de informar-se, de assessorar-se. É essa circunstância fático-jurídica o elemento diferenciador que cria uma dificuldade para se dizer que o erro era invencível, trazendo como conseqüência um *plus* para a admissibilidade ou não da vencibilidade do erro. A infração do dever de informar-se constitui, pois, a justificativa razoável a fundamentar o tratamento diferenciado quanto à vencibilidade do erro.

3. Erro penal[262] e erro penal tributário

Com a adoção pelo Direito Penal brasileiro da Teoria Finalista da Ação, ficou superada, entre nós, a distinção entre erro de fato e erro de direito, causadora de tantas dificuldades.[263] O erro de fato e o erro de direito, agora, podem tanto estar no erro de tipo como no erro de proibição.[264] Contudo permanecem problemas relacionados com o erro de tipo e o erro de proibição, especialmente porque as

[262] Código Penal: "Art. 20 – O erro sobre elemento constitutivo do tipo legal de crime exclui o dolo, mas permite a punição por crime culposo, se previsto em lei.
Descriminantes putativas
§ 1º É isento de pena quem, por erro plenamente justificado pelas circunstâncias, supõe situação de fato que, se existisse, tornaria a ação legítima. Não há isenção de pena quando o erro deriva de culpa e o fato é punível como crime culposo.
Erro determinado por terceiro
§ 2º Responde pelo crime o terceiro que determina o erro.
Erro sobre a pessoa
§ 3º O erro quanto à pessoa contra a qual o crime é praticado não isenta de pena. Não se consideram, neste caso, as condições ou qualidades da vítima, senão as da pessoa contra quem o agente queria praticar o crime.
Erro sobre a ilicitude do fato
Art. 21. O desconhecimento da lei é inescusável. O erro sobre a ilicitude do fato, se inevitável, isenta de pena; se evitável, poderá diminuí-la de um sexto a um terço.
Parágrafo único – Considera-se evitável o erro se o agente atua ou se omite sem a consciência da ilicitude do fato, quando lhe era possível, nas circunstâncias, ter ou atingir essa consciência".

[263] FRISCH, Wolfgang. El error como causa de esclusión del injusto y/o como causa de exclusion de la culpabilidad. In: EL ERROR em el derecho penal. Buenos Aires: Ad-hoc, 1999, p. 33: o autor alerta para o fato de que não deveria ser superestimada a avaliação das "questões resolvidas" pela adoção da teoria da culpabilidade. Para ele, agora, a discussão sobre o erro se apresenta envolta adicionalmente pela polêmica sobre a significação sistemática do erro: excluiria o injusto ou excluiria a culpabilidade?

[264] A expressão *erro de proibição*, segundo Welzel, pode gerar confusão. Não significa erro sobre a forma de atuar porque a conduta esteja proibida, mas "a designação abreviada do erro sobre a antijuridicidade do fato real". (WELZEL, Hans. *Derecho penal aleman.* parte general. 11ª ed. Traducción Juan Bustos Ramírez y Sergio Yáñez. Santiago: Editorial Juridica de Chile, 1993, p. 198).

dificuldades da distinção entre eles estão, historicamente, relacionadas com os conceitos de erro de fato e erro de direito.[265]

A Teoria Finalista da Ação, diz Juarez Cirino dos Santos, seguindo a lição de Welzel, revolucionou o conceito de crime, adotando o seguinte princípio metodológico:

> a ação humana é *exercício de atividade final* ou, como objetivação da subjetividade, *realização do propósito*: o homem pode, em certos limites, por causa de seu saber causal, controlar os acontecimentos e dirigir a ação, planificadamente, para o fim proposto. O conceito de *ação final* consiste na *proposição do fim*, na escolha dos *meios de ação* necessários e na *realização* da ação no mundo real. O conceito de *ação final* introduziu o dolo (e outros elementos subjetivos) no tipo subjetivo dos delitos dolosos, com as seguintes conseqüências sistemáticas: a) separação entre *dolo*, como vontade de realização do fato, e *consciência da antijuridicidade*, como elemento central da culpabilidade, que fundamenta a reprovação do autor pela formação defeituosa da vontade; b) disciplina do *erro* em correspondência com estas mudanças sistemáticas: na área do tipo, o *erro de tipo* excludente do dolo e, por extensão, excludente do tipo; na culpabilidade, o *erro de proibição*, que exclui a reprovação de culpabilidade (se inevitável), ou reduz a reprovação de culpabilidade (se evitável); c) subjetivação da antijuridicidade, constituída pelo *desvalor de ação*, como injusto pessoal representado pelo dolo e outros elementos subjetivos, e pelo *desvalor de resultado*, como lesão do objeto da ação expressivo do dano social produzido; d) normativização integral da culpabilidade, como reprovação de um sujeito *capaz de culpabilidade*, pela realização justificada de um tipo de crime, com *consciência da antijuridicidade* (real ou possível) e em situação de *exigibilidade de comportamento diverso*.[266]

Pela teoria finalista da ação, o erro de tipo exclui o dolo e o erro de proibição exclui a culpabilidade, quando invencíveis. Logo para o estudo do erro é relevante saber o que se entende por dolo e o que se entende por culpabilidade.

Roxin afirma que, para caracterizar o dolo, em suas três formas, ele é descrito como *saber* e *querer* todas as circunstâncias do tipo legal. E acrescenta: "o requisito intelectual (saber) e o volitivo (querer) estão em cada caso diferentemente configurados em suas relações entre si".[267] Dolo seria o conhecimento e vontade do fato.[268] Há, pois, a presença de um elemento intelectual e de um elemento volitivo. O elemento intelectual caracteriza-se como consciência, *no sentido de representação psíquica*, ou seja, conhecimento atual das circunstâncias

---

[265] WELZEL, 1993, p. 197.

[266] SANTOS, Juarez Cirino dos. *A moderna teoria do fato punível.* 4. ed. Curitiba: ICPC – Lúmen Júris, 2005, p. 7-8.

[267] ROXIN, Claus. *Derecho penal:* parte general. Traducción da 2ª ed. alemã, Diego-Manuel Luzón Pena e outros. Madri: Civitas, 1999, v. 1, p. 416.

[268] PUPPE, Ingeborg. *A distinção entre dolo e culpa.* Tradução e notas de Luís Greco. Barueri (SP): Manole, 2004, p. 23.

de fato do tipo objetivo, como representação ou percepção real da ação típica, enquanto o elemento volitivo tem por apanágio a vontade, *no sentido de decisão de agir*, ou mais precisamente, querer *realizar o tipo objetivo de um crime*, sendo a vontade *incondicionada* e *capaz de influenciar o acontecimento real*, fazendo com que se possa dizer que o resultado foi obra do autor.[269]

Afirma-se que a falta de conhecimento de um dos elementos do tipo exclui o dolo. Roxin diz que, ao se fazer alusão a esse elemento que exclui o dolo, "se faz referência ao elemento intelectual do dolo".[270] Para ele, essa falta de conhecimento não afeta a antijuridicidade, mas somente as circunstâncias do fato, sendo que conhecimento, para Roxin, "significa percepção sensorial das circunstâncias descritivas do fato e compreensão intelectual das normativas", isto é, "os elementos descritivos devem ser percebidos sensorialmente e seus conteúdos normativos devem ser compreendidos".[271] Daí por que afirma que "o dolo, portanto, no direito penal vigente, está concebido, desde a perspectiva do saber, como conhecimento do sentido social, não da proibição jurídica", mas, segundo o *hommo medius,* o homem que faz a valorização paralela na esfera do profano,[272] ou seja, o agente não precisa uma compreensão técnico-jurídica, como se fosse versado em Direito, mas, como leigo, deve compreender o sentido contido no elemento normativo da lei.

Já o conhecimento da antijuridicidade não significa que o agente conheça a lei em si, mas que o agente sabe ser sua conduta contrá-

---

[269] SANTOS, op. cit., p. 132-133. A doutrina atual distingue três espécies de dolo: *dolo direto de primeiro grau, dolo direto de segundo grau e dolo eventual.* Para Roxin, no dolo direto de primeiro grau, no caso da *intenção – querer –,* basta a suposição de uma possibilidade, ainda que escassa, de provocar o resultado. A intenção, segundo Puppe, seria propósito, sendo o dolo uma espécie de propósito objetivado (PUPPE, 2004, p. 132). No *dolo direto de segundo grau,* há o saber de que o fato é possível, segundo Roxin. Puppe diz que, nesta espécie de dolo, "o autor não almeja o resultado, mas tem conhecimento seguro de que sua ação acabará por causá-lo". E conclui dizendo que a "caracterização correta do dolo direto de segundo grau é, portanto, que o autor age na consciência de que o *resultado* ocorrerá com *certeza* ou grande probabilidade, *desde que ele obtenha um de seus objetivos*" (Ibid., p. 138). No *dolo eventual,* o querer, a parte volitiva é mais débil (Roxin). Puppe entende o dolo eventual como um caso-limite, ou seja, uma forma imperfeita de dolo, "no qual o verdadeiro elemento do dolo, a saber, a vontade, está pouco desenvolvida, mas que, ainda assim, deve ser subsumido sob o conceito de dolo" (Ibid., p. 131) A legislação brasileira reconhece o dolo direto e o dolo eventual. Naquele o agente quer a ação e quer o resultado. Neste, quer a ação e assume o risco de produzir o resultado ou aceita-o. (ROXIN, 1999, p. 415 *et seq.*)

[270] Ibid., p. 458.

[271] Ibid., p. 460.

[272] Ibid., p. 462-463.

ria ao Direito.[273] O desconhecimento da antijuridicidade, portanto, significa que o agente ignora estar agindo de forma contrária ao Direito, pensando estar sua conduta na esfera da licitude.

Por sua vez, a culpabilidade é o elemento que estabelece ser o autor o responsável pelo fato típico e antijurídico, implicando, em sua base, três elementos: a) imputabilidade ou capacidade de culpabilidade, ou seja, o autor é *maior e capaz*, podendo compreender o caráter ilícito do fato e de comportar-se de acordo com tal entendimento; b) possibilidade de conhecimento da ilicitude, sem o qual incide o erro de proibição; e c) exigibilidade de conduta diversa, inexistindo circunstâncias que excluam a reprovação.

Pode-se, segundo Cirino dos Santos, resumir o modelo de fato punível da seguinte forma:

> a) o *tipo objetivo*, como *realização do risco*, é compreendido pelas categorias da *causação do resultado* e da *imputação do resultado*; o *tipo subjetivo*, como *realização do plano*, é constituído pelas categorias do *dolo* – e outros elementos subjetivos especiais – e da *imprudência* (como *defeituosa* realização do plano);
>
> b) a *antijuridicidade*, afirmada nas *proibições* e excluída nas *permissões*, é categoria dogmática compreensiva das justificações, estudadas nas dimensões correspondentes de *situação justificante* e *ação justificada*, subjetiva e objetiva;
>
> c) a *culpabilidade*, como juízo de reprovação pela realização não justificada do *tipo de injusto*, compreende (1) a *imputabilidade* (excluída pela *menoridade* e por *doenças mentais*), (2) a *consciência da antijuridicidade* (excluída ou reduzida em hipóteses de *erro de proibição*) e (3) a *exigibilidade de comportamento diverso* (excluída ou reduzida em *situações de exculpação* legais ou supralegais).[274]

Destarte, o fato punível, tanto o do Direito Penal comum, como o do Direito Penal Tributário, é o fato típico, antijurídico e culpável.

3.1. Espécies de erro

Se para a existência do dolo típico se faz necessário o conhecimento ou o saber que está concretizando uma situação prevista no tipo de injusto, é claro que não haverá dolo quando o agente desconhece total ou parcialmente as elementares *do tipo penal*. "Tal é a essência do *erro de tipo* que se distingue do *erro de proibição* pelo fato de que este último não supõe o desconhecimento de um elemento

---

[273] BITENCOURT, Cezar Roberto. *Manual de direito penal.* parte geral. 4ª ed. São Paulo: Revista dos Tribunais, 1997, p. 348.

[274] SANTOS, 2005, p. 8-9. No original é um parágrafo só.

da *situação* descrita pelo tipo, mas (somente) do fato de *estar proibida* sua realização".[275] Assim, o erro que recai sobre os elementos constitutivos do tipo, afetando o dolo, por falta de conhecimento, é o denominado *erro de tipo*. Já o erro que recai sobre a consciência da ilicitude é o *erro de proibição*.[276]

Mir Puig e outros autores exemplificam com o caso de alguém que dispara contra um caçador, tomando-o, equivocadamente, como uma presa, matando-o. Desconhece ele um elemento essencial do tipo *homicídio* – o animal não é alguém, não é uma pessoa. Contudo, há que se perguntar se ele, naquelas circunstâncias, tinha ou não condições de superar o erro, ou seja, se praticou ele um erro vencível ou invencível? Mas, numa e noutra circunstância, fica afastado o dolo, podendo permanecer a culpa se houve negligência, imprudência ou imperícia.

O ERRO DE TIPO *é o que incide não sobre o fato, mas sobre os elementos do tipo penal. Assim, o erro sobre um elemento do tipo exclui o dolo e, portanto o próprio fato típico.* É a falsa percepção da realidade sobre um elemento do tipo. É a ignorância ou a falsa representação de qualquer dos elementos constitutivos do tipo penal.[277] Para Zaffaroni e Pierangeli, "é o fenômeno que determina ausência de dolo, quando, havendo uma tipicidade objetiva, falta ou é falso o conhecimento dos elementos requeridos pelo tipo objetivo".[278]

O ERRO DE PROIBIÇÃO não se refere à tipicidade, aos elementos do tipo penal, embora tenha pleno conhecimento da realização do tipo,[279] mas o agente age sem a compreensão intelectual, não tem consciência do injusto, porquanto pressupõe, de forma errônea, que seu comportamento não seja injusto.[280] A consciência do injusto é elemento da culpabilidade e implica a compreensão do agente de que sua conduta é juridicamente proibida.[281] Se, pois, faltar ao agente a consciência de que sua conduta seja proibida, não permitida, age ele em erro de proibição, ou seja, se age sem a consciência do injusto,

---

[275] MIR PUIG, Santiago. *Derecho penal:* parte general. 7ª ed. Barcelona: Editorial Reppertor, 2005, p. 271.

[276] GOMES, Luiz Flávio. *Erro de tipo e erro de proibição.* São Paulo: Revista dos Tribunais, 2001, p. 98.

[277] BITENCOURT, 11997, p. 360 LUISI, Luiz. *O tipo penal, a teoria finalista e a nova legislação penal.* Porto Alegre: Fabris, 1987, p. 111.

[278] ZAFFARONI, Eugenio Raúl; PIERANGELI, José Henrique. *Manual de direito penal brasileiro.* 6 ed. São Paulo: Revista dos Tribunais, 2006, v.1: parte geral, p. 421.

[279] WELZEL, 1993, p. 196.

[280] JACOBS, Günther. *Derecho penal:* parte general. 2ª ed. Madri: Marcial Pons, 1997, p. 673.

[281] WESSELS, Johannes. *Direito penal:* parte geral. Porto Alegre: Fabris, 1976, p. 90.

não há compreensão da antijuridicidade, logo, o erro de proibição pode afastar ou afasta a culpabilidade.

Segundo Wessels, o erro de proibição ocorre quando o agente não reconhece a norma de proibição diretamente referente ao fato ou tem-na por não-válida ou, em razão de errada interpretação, chega a falsas representações de seu âmbito de validade, como aquele que pensa que sua conduta seja juridicamente admissível, não-proibida.[282] O agente não tem excluído o dolo de sua conduta, mas fica afastada a reprovabilidade dela, ou seja, a culpabilidade.

Na reforma do Direito Penal português, mantiveram-se duas espécies de erro, mas não se cogita da distinção nem entre erro de fato e erro de direito, nem entre erro de tipo e erro de proibição. Abandonou-se essa terminologia. Segundo Figueiredo Dias,

> no direito português, como no alemão, existem duas espécies de erro jurídico-penalmente relevante, a cada uma das quais cabem diferentes formas de relevância e diferentes efeitos sobre a responsabilidade do agente. Uma das espécies de erro *exclui o dolo*, ficando ressalvada a punibilidade da negligência nos termos gerais; a outra espécie de erro exclui a culpa se for não censurável – merecendo por isso aqui, do ponto de vista dogmático, o designativo de *causa de exclusão da culpa*, enquanto, se for censurável, deixa *persistir a punição a título de dolo*, se bem que a pena possa ser especialmente atenuada.
>
> [...]
>
> O ponto de partida para a compreensão destes termos de distinção reside, em nosso entendimento, no argumento básico de que a relevância jurídico-penal do erro constitui *exclusivamente* um *problema de culpa*. Só pois autonomamente a partir de uma *diferença de culpa* se podem estabelecer diferenças de relevância das espécies de erro, nunca heteronomamente a partir da conceitualizações ou diferenciações que não tenham na sua base a essêcia da culpa e a sua função político-criminal no sistema.[283]

Para Figueiredo Dias, essa distinção reside, fundamentalmente, no fato de o erro constituir um problema de culpa, porquanto por meio das diferenças de culpa é que se podem estabelecer diferenças de erro, com base no princípio da culpa expresso na própria Constituição.[284]

Em matéria penal tributária, o § 395 da antiga Ordenação Tributária do Império alemão especifica, no primeiro parágrafo, que "resta impune quem, em erro inculpável sobre a existência ou a aplicabilidade de prescrições de direito tributário, considerou o fato como permitido. Quem, por falta de cuidado a que estava obrigado segun-

---

[282] WESSELS, 1976, p. 103.

[283] DIAS, Jorge Figueiredo. *Temas básicos da doutrina penal*. Coimbra: Coimbra, 2001, p. 288-289.

[284] Ibid., p. 289.

do as circunstâncias e era capaz, segundo sua situação pessoal, considerou o fato como permitido, é punido por culpa". Na legislação brasileira, não há nenhuma norma penal específica quanto ao erro penal tributário, e inexiste a punição por conduta culposa. Daí que, inexistindo norma especial quanto ao erro, se aplicam as normas existentes na parte geral do Código Penal, artigos 20 e seguintes. Na legislação tributária, há uma referência ao erro no artigo 172, II, do CTN, ao determinar que a autoridade administrativa pode autorizar a conceder, por despacho fundamentado, remissão total ou parcial do crédito tributário, atendendo: [...] II – ao erro ou ignorância escusáveis do sujeito passivo, quanto à-matéria de fato. Tal norma tributária diz respeito somente ao tributo em si, nada tendo de conteúdo penal, embora equivalente ao erro de tipo, mas não altera as normas gerais penais sobre o erro.

Assim, inexistindo norma especial na legislação brasileira, aplicam-se aos crimes tributários as normas gerais de Direito Penal, porquanto não fosse assim permitido, estar-se-ia tratando as pessoas infratoras de forma desigual. Não se pode afastar a incidência das normas penais gerais sobre o erro nos crimes tributários, porque ofenderia ao princípio da igualdade por inexistir justificativa razoável para que houvesse um tratamento desigual a quem comete uma falsidade a fim de lograr uma pessoa particular e aquele que comete falsidade para a redução ou supressão do tributo. Quer pelo desconhecimento de um dos elementos do tipo, inclusive extrapenal, quer pela falta de consciência do injusto, especialmente considerando a dificuldade maior existente na compreensão dos delitos do Direito Penal Tributário, conjugada com o dever de informar-se e de assessorar-se, não há como não se admitir o erro nos crimes tributários. Só o arbítrio afastaria a incidência das normas do erro.

A Lei nº 8.137/90, em seu artigo 1º, prevê como crime tributário a ação de reduzir ou suprimir tributo ou contribuição social e qualquer acessório mediante uma das condutas especificadas num dos cinco incisos. Nesses, como crime-meio para a prática da sonegação fiscal, por ação ou por omissão, há sempre a previsão da prática de falsidade ideológica ou material. Nem no artigo 1º, nem no 2º ou no 3º da mencionada lei, tem-se previsão de punição do agente a título de culpa. Portanto somente há previsão legal de crime doloso. Assim, se o agente inseriu na soma do crédito um elemento inexato (valor superior ao real), por erro de soma dos valores, e com isso reduziu o tributo, tal conduta, embora possa ter sido praticada sem o devido cuidado ou por imperícia e seja um ilícito tributário, não será um ilícito penal tributário, em razão de não existir a previsão legal de conduta culposa na sonegação fiscal. Não há como se pretender punir o fato pela forma imprudente ou negligente ou imperita da conduta do agente, como ocorre em outras legislações ou na própria legislação penal geral. Dessa forma, em termos práticos, nos crimes tributários, o erro de tipo ou o erro de proibição punível a título de culpa têm o mesmo efeito: não há possibilidade de punição.

Se o agente, por exemplo, ao lançar nos livros e documentos fiscais, mais especificamente, no Livro de Registro de Saída de Mercadoria, uma operação realizada, mas, por erro de digitação ou erro manual, se equivoca quanto ao valor, registrando valor significativamente inferior, é inegável que há uma redução do tributo naquela operação. Entretanto, é inegável que o agente errava sobre uma elementar do tipo penal, ignorava que estava a reduzir o tributo, nem pretendia a redução, não queria a realização do tipo objetivo, nem tinha conhecimento de que estava realizando o fato previsto na norma; na concepção dele (agente), estava ele realizando a conduta determinada pelas normas tributárias de registrar as operações, acreditava estar praticando não a redução, mas a declaração correta. Não há como se cogitar dolo na conduta, porquanto inexiste o querer da realização do tipo objetivo, ou seja, o agente não sabe que está realizando o tipo objetivo, e se não sabe que realiza o tipo objetivo, não existe o querer. Portanto não há dolo na conduta do agente; o erro incide, como falta de conhecimento exatamente sobre o verbo nuclear do tipo.

Por outro lado, quando o agente, v.g., sistematicamente erra para mais a soma dos créditos no Livro de Informação e Apuração do ICMS, e erra, sistematicamente, para menos na soma dos débitos, não há como se cogitar de erro de tipo ou erro de proibição, porquanto o erro praticado se constitui exatamente na falsidade praticada para a realização da redução do tributo. Assim, são as circunstâncias emolduradoras do fato que indicarão se o erro decorre de equívoco sobre elementos do tipo, da falsa percepção deles ou da falta de consciência da ilicitude ou se o erro é exatamente o elemento/instrumento caracterizador da falsidade, utilizado para efetivar a redução ou a supressão de tributo, ou seja, usa o erro para concretizar a falsidade e, por meio dela, o tipo penal.

Portanto, como no Direito Penal geral, o erro, nos crimes tributários, manifesta-se, basicamente, de duas formas: erro de tipo e erro de proibição.

3.2. Erro de tipo

Erro de tipo é o erro sobre elemento *constitutivo* do tipo legal e exclui o dolo, possibilitando a punição por crime culposo, desde que a forma culposa esteja prevista em lei.[285] É a realidade que se apresenta ao agente de forma equivocada sobre: a) a elementar de um tipo penal; b) uma circunstância dele; c) uma elementar do tipo permissivo, conforme alguns;[286] ou, também, d) um dado irrelevante da figura típica. São elementos que indicam a ausência de dolo no agente. Diz Luiz Luisi que

> tem o dolo como ponto de partida a representação do tipo objetivo, ou mais precisamente, de todos os elementos constitutivos do tipo objetivo. Quando falta ou é falsa e incorreta esta representação, obviamente não se pode falar em dolo. Portanto, tanto a ignorância – falta de conhecimento -, como o erro propriamente dito – falsa representação do objeto -, podem levar à exclusão do dolo.[287]

Como a teoria finalista coloca o dolo na área da tipicidade, o erro que incide sobre elementos do tipo afastam, via de conseqüência, o dolo. Munhoz Neto entende que o erro de tipo incide sobre elementos constitutivos da figura delituosa e, dessa forma, o autor não pode ter a representação de, na realidade, estar concretizando a conduta tipificada na lei. E acrescenta: "Ora, tal erro tanto pode decorrer de equivocada percepção dos fatos (v.g., não ter consciência de cometer bigamia, ao casar supondo morta a primeira mulher), como de falsa compreensão do direito (v.g., casar-se de boa-fé, por julgar inválido o matrimônio anterior)".[288]

---

[285] Os crimes tributários da Lei n. 8.137/90 só admitem a forma dolosa. Inexiste previsão legal de crime culposo. Na doutrina estrangeira, ao versarem sobre o erro penal tributário, há muita referência ao pagamento de imposto – *"Quien no conoce la existencia de uma deuda tributaria no puede tener intención de eludir su pago"(MUÑOZ CONDE. El error..., p. 95)*, em razão dos tipos penais para eles existente, o que, para a legislação brasileira, é completamente inviável. Na forma de falta de pagamento, somente ocorre crime no caso do artigo 2° , inc. II, da Lei n° 8.137/90, ou seja, quando o tributo tem a elementar *cobrado ou descontado*. Nos demais casos, há somente infração administrativa – ilícito tributário – e não ilícito penal tributário. Quanto aos deveres formais, não há como ocorrer um dos crimes do artigo 1° da Lei 8.137/90, porquanto são crimes materiais, exigindo que haja a redução ou a supressão do tributo. A infração formal constitui um ilícito tributário, não um ilícito penal tributário. A nossa legislação não transforma em delito qualquer infração tributária, sendo que jamais se constitui em crime infração formal.

[286] O erro de tipo permissivo merece, adiante, algumas observações. Embora alguns defendam a idéia de que se trata de erro de tipo, não nos parece, pelo texto legal, que seja a melhor solução. Preferível, com Jescheck e Weigend, a idéia de um erro intermediário.

[287] LUISI, 1987, p. 111.

[288] MUNHOZ NETTO, Alcides. *A ignorância da antijuridicidade em matéria penal*. Rio de Janeiro: 1978, p. 11.

Os elementos do tipo podem ser *descritivos* ou *normativos*, podendo o erro incidir sobre um ou sobre outro. Os elementos descritivos correspondem a conceitos tomados da linguagem cotidiana, como da jurídica, e descrevem objetos da vida real, verificáveis de fato por serem objetos do mundo exterior: pessoa, edifício, matar, prejudicar a saúde, etc.[289] Para Bitencourt, referem-se a objetos, seres, animais, coisas ou atos perceptíveis aos sentidos.[290] Elementos normativos são, segundo Roxin, aqueles cuja existência pressupõe uma valoração, v.g., alheio, injúria, documento público, honesto, injusto, etc.[291] Bacigalupo diz que "o erro sobre os elementos normativos dá-se quando o autor careceu de uma valoração que lhe permitiria compreender o significado do elemento correspondente. Nesses casos, fala-se em *conhecimento paralelo na esfera do leigo*",[292] ou seja, é necessário que "o autor vislumbre por si mesmo, em seu nível de compreensão, a valorização do legislador materializada no conceito correspondente".[293]

Kaufmann aduz que tanto a ação como a omissão pressupõe a capacidade de agir.[294] É esta capacidade de decidir-se pela ação prescrita que importa, não a omissão em si. Por tais razões afirma que não é a ignorância dos elementos objetivos da omissão que constitui erro de tipo, mas requer-se a *suposição* errônea de que age de forma correta no sentido de evitar o resultado.[295]

Além dos elementos descritivos e normativos do tipo, a doutrina menciona os elementos subjetivos do tipo. Segundo Bitencourt, os elementos subjetivos "são constituídos pelo elemento subjetivo geral – dolo – e elementos subjetivos especiais do tipo",[296] que

---

[289] JESCHECK, Hans-Heinrich; WEIGEND, Thomas. *Tratado de derecho penal:* parte general. Tradução Miguel Olmedo Cardenete. 5ª ed. Granada: Comares, 2002, p. 289.

[290] BITENCOURT, 1997, p. 228.

[291] ROXIN, 1999, p. 306.

[292] BACIGALUPO, Enrique. *Direito penal:* parte geral. São Paulo: Malheiros, 2005, p. 301.

[293] JESCHECK; WEIGEND, op. cit., p. 316.

[294] KAUFMANN, Armin. *Dogmática de los delitos de omisión.* Madri: Marcial Pons, 2006, p. 317. A capacidade de agir requer não só a possibilidade física de atuar, "mas também a capacidade de direção final do ato" (p.317). É o que se deduz da ação omissiva de operações, pela qual suprime o tributo: esta omissão tem capacidade de suprimir o tributo, especialmente porque nem toda omissão de registro tem a capacidade de redução, v.g., operação isenta.

[295] KAUFMANN, 2006, p. 320. O BGH (Tribunal Federal Alemão) afirma: "O erro sobre a antijuridicidade afeta a existência da proibição da ação típica. O autor sabe o que faz, mas crê, erroneamente, que é permitido". (JESCHECK; WEIGEND, 2002, p. 490).

[296] BITENCOURT, 1997, p. 228. O dolo típico compõe-se de conhecimento e vontade. Saber e querer são os verbos correspondentes. Assim, "o dolo caracteriza-se basicamente pelo *conhecimento dos elementos do tipo objetivo, é dizer, dos elementos que caracterizam a ação como geradora de um perigo juridicamente proibido que afeta de maneira concreta um determinado objeto protegido*". (BACIGALUPO, 2005, p. 293)

caracterizam um fim especial de agir. Este "fim especial de agir que aparece em certas definições de delitos condiciona ou fundamenta a *ilicitude* do fato. Trata-se, portanto, de elemento subjetivo do tipo de ilícito, que se apresenta de forma autônoma, junto ao dolo".[297] Para Mir Puig, "são todos aqueles requisitos de caráter subjetivo distintos do dolo que o tipo exige, além deste, para sua realização".[298] Esse fim especial de agir, quando elementar do tipo penal, é *elemento constitutivo* do tipo, e sua ausência afasta o tipo correspondente. Assim ocorre com o artigo 2°, inciso I, da Lei n° 8.137/90, quando diz: *para, eximir-se total ou parcialmente, de pagamento de tributo.* Igualmente, no artigo 3°, in. II, da Lei n° 8.137/90: *para deixar de lançar ou cobrar tributo ou contribuição social, ou cobrá-los parcialmente.* Inexistente tal fim especial de agir, v.g., o funcionário público solicitou ou exigiu a vantagem indevida, em razão da função, com outro fim ou sem nenhum fim especial de agir, o delito pode ser outro (artigo 316 ou 317 do CP), desde que estejam presentes as demais elementares à exceção do fim especial de agir da mencionada lei.

Na área penal tributária, "o erro, segundo Pérez Royo, citado por Muñoz Conde,[299] pode ocorrer sobre pontos ou dados de fato relativos aos elementos em questão ou bem-estar relacionados com as normas jurídicas que determinam a existência e quantia da dívida[300] tributária ou do direito de devolução. Igualmente, nos casos em que o erro afeta os pressupostos de fato ou normativos dos deveres formais, cuja vulneração dá lugar à 'deslealdade' tributária[301] exigida pelo tipo. A falsa representação desses pressupostos dá lugar a um

---

[297] FRAGOSO, Heleno Claudio. *Lições de direito penal.* a nova parte geral. Rio de Janeiro: Forense, 1985, p. 179.

[298] MIR PUIG, 2005, p. 281.

[299] PÉREZ ROYO apud MUÑOZ CONDE, Francisco. *El error en derecho penal.* Santa Fé: Rubinzal-Culzoni, 2003, p. 95.

[300] Impõe-se aqui cautela porquanto embora seja delito o não-recolhimento de dívida tributária em outros países, v.g., na Espanha, no Brasil a inadimplência constitui somente ilícito tributário circunscrito à esfera administrativa, e, somente quando o tributo tiver as características de cobrado ou descontado, o não-recolhimento terá caráter delituoso (art. 2°, inc. II, da Lei n. 8.137/90). Ver LOVATTO, 2002, p. 121-126.

[301] Maiwald, ao analisar o conceito de deslealdade tributária, refere-se à redação antiga do artigo 396, o qual apresentava quatro alternativas, sendo a primeira (a evasão dos ingressos fiscais) considerada como tipo básico, o que foi considerado vago. Daí a jurisprudência passou a exigir a *deslealdade tributária* para cada um dos quatro elementos. Assim, não bastava o simples fato de não pagar o tributo para caracterizar a defraudação tributária. Seria necessário que o agente tivesse intentado *enganar* a autoridade tributária, ou seja, mediante sua conduta buscasse induzir em erro, de forma astuta, conforme o texto legal: obter ardilosamente. Contudo a reforma de 1977 não exige, na Alemanha, que haja a deslealdade tributária como exigência da defraudação tributária, porquanto elemento não escrito do tipo. Hoje, por força da tradição, o desconhecimento do dever tributário exclui o dolo. Ver MAIWALD, 1997.

O PRINCÍPIO DA IGUALDADE E O ERRO PENAL TRIBUTÁRIO

erro sobre o tipo". Pérez Royo sustenta que o erro sobre a licitude ou ilicitude de determinado benefício fiscal deve ser considerado como erro de tipo – afeta a um elemento normativo dele, sendo de difícil configuração o erro de proibição. Acrescenta:

> é difícil imaginar a hipótese de um sujeito que, realizando o tipo de defraudação tributária, careça de consciência da antijuridicidade de sua ação, i. é, de um fraudador que considere que, ao iludir o cumprimento de seus deveres fiscais, não está infringindo uma norma jurídica [...] Qualquer que seja o lugar dentro do sistema de valores do agente, e inclusive dentro do próprio sistema dos deveres fiscais, é difícil negar o conhecimento de que, mediante sua vulneração, se está causando um resultado desaprovado pelo ordenamento.[302]

Ora, se falta consciência da ilicitude, o erro não pode ser de tipo, porquanto o agente tem conhecimento do dever tributário, e este, conforme a doutrina especializada do Direito Tributário, segundo Maiwald, é componente do dolo.[303] Na área tributária, como no Direito Penal em geral, a conduta do agente que pensa estar agindo de forma lícita também se situa no erro de proibição ou como gênero especial de erro.

Maiwald, ao discorrer sobre a evasão tributária por omissão, alerta que, muitas vezes, as leis tributárias prevêem deveres de declaração, de inscrição e de informação. Para ele, no âmbito da omissão, sempre pode aparecer um erro sobre o dever tributário em dois sentidos: "a) o agente desconhece a situação fática que origina o dever tributário, de forma a supor, por isso, não dever tributo algum; b) é de opinião, com pleno conhecimento da situação de fato, de que não existe nenhuma lei tributária que vincule a este processo um dever tributário, nem um dever de declaração relacionado com ele". E conclui, dizendo que, "segundo o critério defendido, unanimemente, no Direito Penal Tributário, em *ambos* os casos, ocorre um erro de tipo, com a conseqüência da exclusão do dolo, pois o omitente, em ambos os casos, não conhece seu dever tributário".[304] Igualmente, seria erro de tipo o incidente sobre a existência e alcance dos deveres de Direito Tributário de declaração e de ação, sendo que *o dever de informação afeta sempre e somente fatos tributariamente relevantes.* Mas alerta que existe uma vinculação indissolúvel entre o dever tributário e o dever de declaração, em razão do que todo erro sobre o dever tributário, por parte de quem omite a declaração, se converte em

---

[302] PÉREZ ROYO apud MUÑOZ CONDE, 2003, p. 96.
[303] MAIWALD, op. cit., p. 23.
[304] Ibid., 1997, p. 64-65.

erro sobre mandamento, em erro sobre o dever de ação, fundamentando um erro de proibição.[305]

Muñoz Conde critica a tese de Maiwald por entender que ela conduz a um endurecimento da repressão penal. Para ele,

> no plano dogmático já temos visto a dificuldade prática de classificar o dever tributário como elemento do tipo ou da antijuridicidade. Ambas as categorias aparecem aqui tão indissoluvelmente unidas que, praticamente, é impossível interpretar sistematicamente o dever tributário segundo sua pertinência a uma ou a outra. Praticamente, o dever tributário é, ao mesmo tempo, elemento do tipo e da antijuridicidade. Portanto, o erro sobre o mesmo pode ser ao mesmo tempo erro de tipo e erro de proibição, ou, se prefere, erro de proibição e erro de tipo.[306]

Entende ele que não se deve deixar para tratar na culpabilidade o que pode ser tratado e excluído na tipicidade. Se o desconhecimento do dever tributário se fundamenta em equivocada representação dos dados fáticos ou da norma incidente, não se pode falar em propósito de fraude à Fazenda Pública, porquanto tais elementos implicam exclusão do dolo e, conseqüentemente, do tipo de defraudação tributária. E conclui dizendo: "Trata-se, pois, de um erro sobre elementos integrantes da infração penal a qual, ainda que vencível, não fundamenta, neste caso, nenhuma responsabilidade penal por não ser punível neste delito a comissão culposa do mesmo".[307]

Na legislação brasileira, especialmente nas condutas descritas no artigo 1° da Lei n° 8.137/90, caracterizadoras dos delitos de sonegação propriamente dita, os quais exigem que o agente reduza ou suprima o tributo, por meio de ação ou de omissão, praticando uma falsidade material ou ideológica, torna-se extremamente difícil que o agente não tenha conhecimento de que, por meio da falsidade que pratica, esteja reduzindo ou suprimindo o tributo ou a contribuição social e qualquer acessório. O verbo nuclear do tipo é *reduzir ou suprimir* tributo ou contribuição social e qualquer acessório mediante falsidade material ou ideológica. Difícil, v.g., é o comerciante dizer que não sabia ter o dever tributário de registrar as suas operações ou de ter que fornecer nota fiscal e, posteriormente, que lançar tais notas

---

[305] MAIWALD, 1997, p. 66-67. Adiante: "Quem, com pleno conhecimento da situação, lesa um dever de informação tributária e diminui impostos, por meio disso, sem conhecer o dever de informação – que está indissoluvelmente unido ao dever tributário -, omite dolosamente e se encontra em erro sobre o mandamento" (Ibid., p. 68). Tal situação pode ocorrer somente muito excepcionalmente. Se o agente tem pleno conhecimento da situação e se pratica a omissão de forma dolosa, aduzir erro seria estranho, a menos que o agente não seja das pessoas obrigadas a ter assessores, quer contábeis, quer jurídicos, o que justificaria seu desconhecimento sobre o dever tributário.

[306] MUÑOZ CONDE, 2003, p. 104.

[307] Ibid., p. 104-105. Para a legislação brasileira, igualmente, não há previsão de forma culposa de crime tributário.

no livro de registro de saída de mercadoria ou que enviar os talões de notas fiscais com a via cativa para o contador a fim de ele lançar as operações realizadas no respectivo livro fiscal. Quer pela idéia de valoração da esfera do profano, segundo Mezger, quer de apreciação paralela na esfera do sujeito, segundo Welzel, especialmente no Brasil, com intensa propaganda governamental, como as propaladas: *paguei quero nota, seu talão vale um milhão, etc.*, não há como alegar o desconhecimento do dever de emitir nota fiscal na saída da mercadoria, em face do dever específico de declarar ou registrar as operações realizadas no Direito Tributário. Mas nem tudo é simples assim. Pode haver outras situações nas quais, pelas circunstâncias, seja aceitável o desconhecimento da ilicitude. E, ocorrendo tal erro, é erro de proibição e não erro de tipo. Somente se o erro for sobre as elementares do tipo, quer descritivos, quer normativos, cogitar-se-ia a existência de erro de tipo. E, neste caso, há que se distinguir se o erro é essencial ou acidental. Assim, como observa Muñoz Conde não há como, *a priori*, afirmar-se que a infração do dever tributário seja erro de proibição ou erro de tipo. Não se pode fugir da regra geral e criar uma discriminação. Se o erro for sobre elementos do tipo – descritivos, normativos ou subjetivos,- ele é erro de tipo, se for sobre o conhecimento da antijuridicidade, é erro de proibição. Do contrário, estaria havendo discriminação com os infratores do Direito Penal Tributário.

3.2.1. Erro de tipo essencial e erro de tipo acidental

Sob um primeiro aspecto, o erro de tipo pode ocorrer sobre elemento essencial ou sobre elemento acidental. Se o dado for irrelevante, v.g., um dado que eleva ou diminui a pena, a situação é bem diversa daquela em que o agente erra sobre um elemento do tipo, fundamental para caracterizar o delito. Assim, a doutrina distingue *erro de tipo essencial e erro de tipo acidental*.

O *erro de tipo essencial* é o erro que incide sobre elementar ou circunstância, fazendo que o agente desconheça estar cometendo um delito ou de conhecer a circunstância do crime. Se o erro não existisse, se o agente tivesse tido a percepção correta dos fatos, não teria cometido o delito, com o que fica afastada a presença do dolo na conduta do agente. Na área penal tributária, o erro pode ser sobre circunstância de norma extrapenal.

O *erro de tipo acidental* é o erro que incide sobre dado irrelevante da figura típica, "circunstâncias acessórias ou estranhas ao tipo".[308]

---

[308] TOLEDO, Francisco de Assis. *Princípios básicos de direito penal*. São Paulo: Saraiva, 1994, p. 269.

Mir Puig menciona como exemplo de erro acidental o que incide sobre elementos que elevam a pena, ou diminuem a pena, quer atenuantes quer privilegiadoras.[309]

3.2.1.1. Erro de tipo essencial

Há erro de tipo essencial quando o erro incide sobre:

a) elementar de tipo incriminador – o erro sobre elemento do tipo sempre exclui o dolo. Se o erro for evitável, responde o autor por culpa, desde que haja a previsão da modalidade culposa de delito. Ex.: O agente pega um objeto como sendo seu. Há um erro não sobre a *coisa*, mas sobre a elementar *alheia* uma vez que o agente pensava ser sua a coisa. Subtraiu por pensar que era sua, se soubesse que era de outrem não teria se apossado dela.

b) circunstância de tipo incriminador – há equívoco do agente em relação a uma circunstância do tipo, desde que seja elemento essencial do tipo, podendo ser fático-descritiva ou jurídico-normativa.

c) elementar de tipo permissivo – o agente é induzido a erro pelas circunstâncias do caso concreto e pensa que está agindo sob uma excludente de ilicitude (legítima defesa, estado de necessidade...). Ex.: O agente percebe que B, seu desafeto, põe a mão no bolso. Pensando que ele (B) ia sacar um revólver, atira em B e mata-o. Depois, verifica-se que B estava desarmado e que buscava um lenço no bolso. O erro sobre as descriminantes putativas é entendido como erro de tipo pela corrente da teoria limitada da culpabilidade. A matéria merece estudo especial adiante, por existirem entendimentos divergentes quanto a ser erro de tipo, optando-se por erro *sui generis.*

3.2.1.2. Erro de tipo acidental

Na doutrina pátria, o erro de tipo acidental não incide sobre elemento relevante do tipo, mas sobre aspecto irrelevante. Seria:

a) *erro sobre o objeto* – "*error in objecto*"– o agente *se equivoca sobre a identidade do objeto material*:[310] quer subtrair um objeto e subtrai outro. Houve, apesar do erro, a subtração de coisa alheia móvel, caracterizando-se o delito de furto, sendo irrelevante o engano quanto

---

[309] MIR PUIG, 2005, p. 274-276. Na Espanha, há autores defendendo a exclusão da circunstância quando houver desconhecimento ou ignorância da circunstância, falsa representação dela, etc. Ver: FLORES MENDOZA, Fátima. *El error sobre las circunstancias modificativas de la responsabilidad criminal en el ordenamiento jurídico español.* Granada: Editorial Comares, 2004.

[310] JESCHECK; WEIGEND, 2002, p. 333.

ao objeto: quer seja relógio, quer seja anel, cada objeto caracteriza-se como coisa móvel alheia. Diferente seria se o erro fosse sobre a elementar *coisa alheia*, em que o agente subtrai pensando que fosse sua. Aí o erro incide sobre uma elementar do tipo penal. Na área penal tributária, o agente quer sonegar tributo estadual e sonega tributo federal. O erro é acidental.

b) *erro sobre a pessoa – "error in persona"* – o agente quer matar A e, por confusão, mata B pensando que fosse A. O crime é o mesmo, o agente responde como se a pessoa atingida(B) fosse a pessoa pretendida (A). Responde ele pelo homicídio pretendido. Há, na verdade, erro sobre a identidade da pessoa[311] e não sobre elemento do tipo, uma vez que este, o tipo, é matar alguém, pouco importando que seja A ou B. O curso causal, no caso de erro sobre a pessoa, diz Bacigalupo, citando Stratenwerth, corresponde ao esperado. "A identidade da vítima não é, de regra, elemento do tipo".[312] Não há aplicabilidade dessa espécie de erro na esfera tributária.

c) *erro na execução do crime – "aberratio ictus"* -, ou seja, o agente pretende algo e erra. O agente, apesar do erro na execução causa o resultado pretendido (v.g. morte de outrem, i. é, se o agente atira em A, erra o tiro e acerta B (art. 73 do Código Penal).

d) *erro com resultado diverso do pretendido* (art. 74 do Código Penal) – nesta última hipótese, podem ocorrer duas modalidades de *aberratio ictus:* a primeira modalidade é com *resultado único* – unidade simples – quando somente o terceiro é atingido, ou seja, a pessoa que pretendia matar resta incólume; e a segunda modalidade é com *resultado duplo* – unidade complexa – o agente atinge não só quem ele pretendia atingir, mas também lesa outra pessoa mortalmente. Se o agente matar a ambos, responde por homicídio doloso contra quem pretendia matar e por homicídio culposo em relação ao terceiro, evidentemente desde que, pelas circunstâncias, haja culpa, e não dolo eventual em relação ao terceiro. Se ao agente representava que poderia atingir terceiro, mas não se importou com essa possibilidade, porquanto tanto se lhe faz que sua ação atinja terceiro, responde ele, também, em relação ao terceiro, por dolo eventual.

Na primeira hipótese, quando o agente, por erro na execução, causa resultado diverso – quer atingir um bem e atinge outro –, há que se distinguir: I) se houver resultado único, atingindo outro bem: o agente responde por este a título de culpa, se assim previsto (art. 74 do CP); II) com resultado duplo, ou seja, atinge a ambos os bens,

---

[311] BACIGALUPO, 2005, p. 304.

[312] Ibid. Note-se que a legislação espanhola prevê crime em que a identidade da vítima, objetivada pelo agente, é relevante, v.g., o rei (delito contra a coroa).

responde ele por concurso formal – dolo no pretendido e culpa no terceiro.

a) *erro sobre o nexo causal* – o autor não só deve conhecer a ação e o resultado como também divisar o curso causal em seus traços essenciais uma vez que a conexão causal é também um elemento do tipo.[313] O agente pensa ter consumado o delito, pratica nova ação de exaurimento, mas, na verdade, está consumando o delito. Bacigalupo refere-se a estes casos como sendo de *dolus generalis*, mencionando como exemplo: "A golpeia violentamente B na cabeça e crê tê-lo matado; em seguida, procura simular um suicídio amarrando uma corda em seu pescoço; a autopsia determina que a morte foi causada pelo estrangulamento e não pelos golpes iniciais, como acreditava o agente".[314] Para Roxin, no *dolus generalis*, em que o fato ocorre em dois atos, "o sujeito crê haver produzido o resultado com a primeira parte da ação, enquanto, na realidade, o resultado somente ocorre mediante a segunda parte da ação, a qual, segundo a representação do sujeito, somente deveria servir para encobrir o fato já anteriormente consumado".[315] O *dolus generalis* permitiria abarcar todo o acontecido, respondendo o agente pelo crime de homicídio. Bacigalupo menciona, ainda, que a corrente majoritária entende, no caso, que há uma tentativa de homicídio no desferir os golpes, e homicídio culposo, no simular o enforcamento: naquele a morte não se consuma por circunstância alheia à sua vontade, neste ocorre o homicídio sem que o atente soubesse que está matando a vítima.[316] Jescheck e Weigend entendem que o autor não se equivoca sobre o objeto do delito que lesa, mas sobre o curso da ação que conduz à lesão. "O fato é levado a efeito em dois atos cujo significado é valorizado de forma equivocada pelo autor, ao crer que já tenha alcançado com o primeiro ato o resultado, quando, na verdade, efetivou-o por meio do segundo ato o qual deveria servir para ocultar o primeiro". Mencionam que a jurisprudência considera um acontecimento unitário, em que o dolo abarca ambos os atos.[317] Para a doutrina brasileira, há um só dolo, um só crime doloso consumado, como no caso em que a vítima morre em conseqüência do segundo ato praticado para encobrir o primeiro.[318] Seria exagero pretender punir o agente por tentativa cumulada com crime consumado. Se assim fosse, o agente

---

[313] JESCHECK; WEIGEND, 2002, p. 334.

[314] BACIGALUPO, 2005, p. 308.

[315] ROXIN, 1999, p. 498.

[316] BACIGALUPO, 2005, p. 308. No mesmo sentido, GARIBALDI, Gustavo E.L.; PITLEVNIK, Leonardo G. *Error y delito*. Buenos Aires: Hammurabi – Depalma, 1995, p. 49.

[317] JESCHECK; WEIGEND, 2002, p. 337.

[318] GOMES, 2001, p. 135.

que desferiu várias facadas na vítima, sendo uma das últimas a letal ou uma das primeiras, responderia ele por mais de uma conduta? Não. Se o agente não matara a vítima no primeiro momento, mas quando o enterrou para ocultar o crime, subsistem de qualquer forma os dois crimes: homicídio e ocultação de cadáver, quer se adote a teoria do *dolus generalis* ou não. Querer aplicar, na primeira conduta, a tentativa, implicaria tal procedimento considerar tentativa todas os atos anteriores ao fatal. Há que se considerar o conjunto de atos indicativos da *ação de matar* e da *ação de ocultar o cadáver.*

Há, ainda, segundo a doutrina espanhola, a hipótese de *consumação antecipada*, ou seja, o agente começa a execução do tipo penal, v.g., ministra sonífero para depois sufocá-lo. Como a dose foi forte, a vítima sofre um choque e morre. Predomina o entendimento de que há início da ação típica, sendo irrelevante, desvio não essencial do desenvolvimento causal.[319]

Na *área tributária*, pode o agente agir pensando que está reduzindo ou suprimindo o tributo e, depois, pratica um ato para ocultar o fato das autoridades tributárias, mas, em realidade, semelhante ato é que consuma o delito tributário. Pouco importa, responde ele por um crime só. Claro está que, se uma das condutas caracteriza lavagem de dinheiro, responderá o agente pelos dois delitos.

Mir Puig menciona como modalidades particulares de erro, a) o *erro sobre o objeto*, destacando-se o erro sobre a pessoa. Desse aponta como relevante o que incide sobre pessoa que goza de proteção especial (v.g., o rei, na Espanha), e, como irrelevante, o erro sobre pessoa protegida da mesma forma; e b) *o erro sobre o processo causal*, destacando-se o *aberratio ictus*.[320] Na nossa doutrina, tais erros são considerados acidentais.

3.2.2. Erro de tipo evitável e erro inevitável

Sob um segundo aspecto, o erro de tipo pode ser evitável ou inevitável. O *erro de tipo inevitável*, ou seja, o erro invencível, é aquele que teria ocorrido mesmo que o agente tivesse tido a diligência comum, ou seja, é o erro em que o agente, mesmo com todo o cuidado, não identificaria a existência do erro sobre um elemento do tipo. O agente fez tudo aquilo que, razoavelmente, lhe seria exigível no sentido de se esclarecer ou informar sobre a os elementos do tipo.[321] O

---

[319] BACIGALUPO, op. cit., p. 306-307.

[320] MIR PUIG, 2005, p. 278-279.

[321] DIAS, Jorge Figueiredo. *O problema da consciência da ilicitude em direito penal.* Coimbra: Coimbra, 1995, p. 228. Mas Figueiredo Dias faz crítica a esta posição dos autores que mencio-

erro inevitável exclui o dolo e a culpa, enquanto o *erro evitável*, ou seja, o erro vencível, aquele que ocorreu porque o agente não teve o devido cuidado, exclui apenas o dolo, respondendo o autor por culpa, se punível a tal título.[322] Exemplo de erro vencível: o homem mata outro, pensado tratar-se de animal bravio, mas, nas circunstâncias, poderia ter evitado se tivesse maior cautela.

No Brasil, diversamente de outros países, os crimes tributários só podem ocorrer na forma dolosa, não se admitindo a punição a título de culpa. O ilícito tributário, diversamente, pode ser punido, administrativamente, na modalidade de culpa. Poder-se-ia pensar que todo erro, portanto, evitável ou inevitável excluiria a responsabilidade penal. Esta questão só pode ser analisada junto com o dever de evitar o resultado, ou o dever de informar-se. Há uma diferença tênue entre o dolo eventual e a culpa, sendo as circunstâncias fáticas de grande importância para elucidá-los.

3.2.3. Erro de tipo e erro de subsunção – diferenciação

Elementos objetivos e subjetivos constituem o tipo. O erro incide sobre elemento objetivo, como v.g. a ação, o resultado, certas características do autor, às vezes alguns fenômenos subjetivos da vítima, constituindo esses elementos descritivos (conceitos que podem ser tomados tanto da linguagem cotidiana como do uso da linguagem jurídica e que descrevem objetos do mundo real, suscetíveis de uma verificação fática[323]) ou normativos (conceitos jurídicos, valorativos e conceitos com relação de sentido) do tipo, na expressão de Juarez Cirino dos Santos.[324] Para Haft, citado por Juarez Cirino dos Santos, o erro sobre o objeto constitui erro de tipo, enquanto que o erro sobre o conceito constitui erro de subsunção. No primeiro caso, ter-se-ia a hipótese fática de quem toma coisa alheia como própria; no segundo, ter-se-ia a negativa do conceito de coisa aos animais furtados. O erro de subsunção seria penalmente irrelevan-

---

na, dizendo que "Pelo que ao perguntar-se ainda aqui pelo critério da censurabilidade desta falta intelectual, nada mais se obterá do que a mera referência a cláusulas que – como a da «vencibilidade» ou «evitabilidade» de erro – são só outros nomes para o «poder agir de outra maneira», tão enigmáticos e inapreensíveis quanto este". (Ibid., p. 228) MIR PUIG, op. cit., p. 273.

[322] Ibid., p. 273. CALLEGARI, André Luiz. *Teoria geral do delito.* Porto Alegre: Livraria do Advogado, 2005, p. 51.

[323] JESCHECK; WEIGEND, 2002, p. 289.

[324] SANTOS, Juarez Cirino dos. *Direito penal:* parte geral. Curitiba: ICPC – Lumen Juris, 2006, p. 81-82. O erro, também, em algumas situações pode incidir sobre elementos subjetivos, v.g., quando a conduta praticada não tinha por finalidade o que a teoria tradicional denominava dolo específico.

te.[325] Bacigalupo entende que o erro de subsunção não deve ser considerado como erro de tipo, uma vez que não afeta o dolo, "já que este não requer uma correta subsunção dos fatos sob os conceitos jurídicos do tipo por parte do autor", bastando que tenha "valorado as circunstâncias de forma paralela dentro de sua esfera de leigo. Conseqüentemente, o erro sobre um elemento normativo importa *falsa valorização* por parte do autor, que não exclui o dolo porque este não requer uma subsunção tecnicamente perfeita: a norma não quer motivar somente os juristas".[326]

Para Roxin, o erro se subsunção é um erro de interpretação, ou seja, a pessoa interpreta equivocadamente um elemento típico de modo que chega à conclusão de que não se realizará mediante sua conduta, podendo ser um erro de tipo, um erro de proibição ou um erro irrelevante.[327] Inexiste, com ele, modificação alguma do conhecimento do sentido do tipo, mas trata-se de um ato de valoração.[328] Para ele, o erro de subsunção muitas vezes é erro de proibição invencível, v.g., quando alguém se vale de informações de advogados ou de decisões judiciais que posteriormente resultam equivocadas.[329] Nesses casos, contudo, parece que a subsunção não é do agente que consultou o advogado ou verificou as decisões jurisprudenciais, mas o erro de subsunção é do advogado ou do tribunal que posteriormente corrigiu a interpretação. Não age o agente, em tais casos, com infração ao dever de se informar, não se considerando como erro de subsunção do agente, mas, em razão da ausência de consciência da ilicitude, ou da potencial consciência da ilicitude, há um erro de proibição.

3.2.4. O erro de tipo e a Lei n° 8.137/90

A Lei n° 8.137/90, em seu artigo 1°, estabelece:

Constitui crime contra a ordem tributária suprimir ou reduzir tributo, ou contribuição social e qualquer acessório, mediante as seguintes condutas:

I – omitir informação, ou prestar declaração falsa às autoridades fazendárias;

---

[325] SANTOS, 2006, p. 83.

[326] BACIGALUPO, Enrique. *Tipo y error*. 3. ed. Buenos Aires: Hammurabi, 2002b, p. 160. Entenda-se isto, evidentemente, como subsunção, porquanto o erro sobre elemento normativo não significa valorização equivocada, como no caso de *coisa alheia*, mas o agente, ao se apossar da coisa, pensando que fosse sua, não sabe que a coisa é *alheia*, nem quer a coisa se soubesse que é *alheia*. Fica afastado o dolo no erro sobre elemento normativo, como no elemento descritivo.

[327] ROXIN, 1999, p. 872.

[328] Ibid., p. 471.

[329] Ibid., p. 873.

II – fraudar a fiscalização tributária, inserindo elementos inexatos, ou omitindo operação de qualquer natureza, em documento ou livro exigido pela lei fiscal;

III – falsificar ou alterar nota fiscal, fatura, duplicata, nota de venda, ou qualquer outro documento relativo à operação tributável;

IV – elaborar, distribuir, fornecer, emitir ou utilizar documento que saiba ou deva saber falso ou inexato;

V – negar ou deixar de fornecer, quando obrigatório, nota fiscal ou documento equivalente, relativa à venda de mercadoria ou prestação de serviço, efetivamente realizada, ou fornecê-la em desacordo com a legislação.

Pena – reclusão de 2 (dois) a 5 (cinco) anos, e multa.

No *caput*, aparecem as expressões tributo, contribuição social e acessório. Nos incisos, documento ou livro exigido pela lei fiscal; nota fiscal; fatura; duplicata; nota de venda; nota fiscal; documento equivalente (cupom fiscal), em desacordo com a legislação, operação tributável [...]. Tem-se que buscar, na lei extrapenal, em outras normas emanadas do poder legislativo, os conceitos mencionados, especialmente, no Direito Constitucional e no Direito Tributário. É uma lei penal em branco. As leis penais em branco caracterizam-se por serem leis que "dependem, para sua exeqüibilidade, do complemento de outras normas jurídicas in fieri ou da futura expedição de certos atos administrativos (regulamentos, portarias, editais)".[330] As normas jurídicas extrapenais e certos atos administrativos da administração, no caso fazendária, serão fundamentais para a compreensão do fato, para saber-se qual a conduta devida e como a falsidade ocorreu de forma a fazer com que, por meio da falsidade, o agente reduza ou suprima o tributo ou contribuição social e acessório.[331]

---

[330] HUNGRIA, Nelson. *Comentários ao Código Penal*. Rio de Janeiro: Forense, 1971, v. 1, t. 1, p. 104. No mesmo sentido, hoje, Juarez Cirino Dos Santos: "As *leis penais em branco* são tipos legais com *sanção penal* determinada e *preceito* indeterminado, dependente de *complementação* por outro ato legislativo ou administrativo – como a identificação das doenças de notificação compulsória (art. 269, CP)". (SANTOS, 2005, p. 50)

[331] Tais normas de Direito Tributário integram a lei penal – Lei nº 8.137/90- como seu complemento legal, sendo seu elemento do tipo objetivo (Ibid., p. 51), havendo divergência se a alteração de tais normas, por uma lei *mais benigna*, retroage ou não. CIRINO entende que retroage sob o fundamento de que "se o tipo legal não existe sem o complemento legal ou administrativo – e o Poder Legislativo, independente da inconstitucionalidade da delegação de poderes, autoriza a edição do complemento da lei penal, por outra lei ou ato administrativo -, *então o* complemento é *elemento* do tipo de injusto e, na hipótese de complemento posterior *mais favorável*, retroativo" (p. 51). Mas tal posição é contestável na área penal tributária, v.g., como no caso da extinção de determinado tributo, se o agente praticou falsidade, material ou ideológica, e com ela reduziu o tributo, a extinção do tributo correspondente não tem o condão de extinguir a sua punibilidade ou de se considerar que não incidia o tributo, porquanto os fatos geradores de tributação, ocorridos na vigência do tributo, continuam válidos para efeito de tributação. Tal exigibilidade mantém com todas as suas elementares o tipo penal, não este sendo afetado pela extinção do tributo em relação aos fatos ocorridos no período de sua vigência. Só deixa de ser aplicada aos fatos iguais ocorridos após sua revogação. Neste sentido, Hungria traz lição do Tribunal de Justiça do Distrito Federal, em caso de tabela de preço, o qual afirma que "Não pode ser suscitada, aqui, questão de direito transitório, pois

Assim, é necessário socorrer-se das normas tributárias para se saber se, na omissão do registro de determinada operação, houve ou não a supressão ou a redução do tributo, se havia ou não a incidência do próprio tributo. Dessa forma, v.g., se o agente, na administração de sua empresa, não registrou a saída de uma mercadoria, isso não é suficiente para ele ser acusado de sonegação do ICMS, embora esteja praticando um ilícito tributário em razão da norma tributária que determina, isenta ou não a mercadoria, dever ela ser acompanhada da nota fiscal ou documento equivalente. Deve-se verificar se, nas normas tributárias, o produto vendido era isento de tributo ou não, se era imune ou não, uma vez que, se era operação isenta ou imune, tem-se que o fato não é típico-penal, pela impossibilidade fático-jurídica de haver a redução ou a supressão do tributo. Se ele se equivoca quanto à existência da isenção, o erro diz respeito a elemento de Direito Tributário, da lei extrapenal, possibilitando a existência de um erro de tipo.

Posto isso, não há como não se observar que o erro pode ocorrer sobre elementar da lei de sonegação fiscal ou sobre elementos da lei extrapenal, complemento da lei penal. Para Jescheck e Weigend,

> geralmente o RG[332] havia considerado o erro sobre a existência ou conteúdo deste tipo de normas como um erro jurídico extrapenal excludente do dolo (RG 49, 323[327]; 56, 337[339]). Corretamente tem-se de partir de que a norma complementar é uma parte integrante do tipo, pois a norma proibitiva resulta incompreensível se a cominação penal não está relacionada com um comportamento descrito de modo concreto. Portanto, à disposição penal assim conclusa são aplicáveis as regras gerais do erro: o equívoco sobre um elemento objetivo da norma que complementa a lei penal em branco é um erro de tipo; por outro lado, o equívoco sobre a existência daquela é um erro de proibição. A opinião contrária também exige, para o dolo, a consciência sobre a existência da norma complementar. Ademais, pressupõe-se que, em direito penal especial, deveriam vigorar regras específicas para o tratamento do erro de proibição, porque aqui o castigo pela comissão dolosa do fato somente se justifica no caso de se possuir um conhecimento positivo da proibição.[333]

E se a norma complementar é parte integrante do tipo, o erro sobre ela, por uma questão lógica, corresponde ao erro de tipo.

Convém lembrar a lição de Puppe, ao falar das leis penais em branco, quanto às expressões penal e extrapenal, de que a diferença entre tais expressões não é tão externa como as palavras possam induzir. Segundo Puppe,

---

não há sucessão de leis, isto é, a norma penal não é revogada, mas apenas vem a faltar, temporariamente, ou não, para o futuro, a eventualidade condicionante da aplicação da pena" (HUNGRIA, op. cit., p. 138).

[332] Reichsgericht = Tribunal Imperial.

[333] JESCHECK; WEIGEND, 2002, p. 331.

não se trata de qual seja o código em que o legislador tenha fixado uma norma de comportamento, se o escreveu no StGB ou em outra lei. Se trata aqui antes da distinção entre o núcleo de normas de comportamento geralmente reconhecidas e cujo conhecimento forma parte da socialização de todo membro da comunidade jurídica, e outras normas de comportamento que regem em virtude do direito positivo e cujo conhecimento não pode esperar-se sem mais do cidadão pelo fato de que o legislador as tenha protegido com uma pena. Quando o legislador tem que usar para isso a forma de lei em branco, porque não foi possível formular a norma de comportamento de maneira concisa e com expressões simples, isso constitui o melhor indício de que já não se trata daquele núcleo básico de normas de comportamento geralmente reconhecidas.[334]

Resulta, em conseqüência, dificuldade maior do cidadão comum em relação aos elementos buscados no Direito Tributário do que aquele do núcleo básico de normas comportamentais, com possibilidade até maior da ocorrência do erro. Portanto, tudo o que se afirmou sobre o erro penal aplica-se ao Direito Penal Tributário. Do contrário, haveria ofensa ao princípio da igualdade. Aliás, a complexidade e proliferação das normas tributárias enseja ainda maior aplicabilidade do erro extrapenal como um erro de tipo desde que incida sobre um elemento que integra o tipo penal.

3.3. Erro de proibição

3.3.1. Conceito

A teoria limitada da culpabilidade, adotada pela reforma de 1984, distingue *erro de permissão* – incidente sobre a proibição do fato, que pode excluir ou reduzir a culpabilidade – e *erro do tipo permissivo* – incidente sobre a verdade do fato, excludente do dolo,[335] equiparado ao *erro de tipo*. Cirino dos Santos afirma, na esteira de Welzel, que o *erro de proibição*, como erro sobre a antijuridicidade do fato, tem por objeto a natureza proibida ou permitida da ação típica: o autor sabe o que faz, mas pensa, erroneamente, que é permitido, ou por crença positiva na permissão do fato, ou por falta de representação da valoração jurídica do fato.[336] Na teoria da culpabilidade, de conformidade com a teoria finalista da ação, a consciência e vontade do fato constituem o dolo, como elemento subjetivo geral dos crimes dolo-

---

[334] PUPPE, Ingeborg. Error de hecho, error de derecho, error de subsunción. In: FRISCH, Wolfang *et al. El error en el derecho penal*. Buenos Aires: Ad-Hoc, 1999, p. 136-137.

[335] Adiante, em capítulo próprio, será apreciada a questão do erro de tipo permissivo.

[336] SANTOS, 2006, p. 225.

sos. Já a consciência da antijuridicidade é elemento especial da culpabilidade, como fundamento concreto do juízo de reprovação.[337]

Entretanto o juízo equivocado que o agente faz não se fundamenta em desconhecimento da lei. Esta escusa não subsiste, existindo, para tal, o princípio *ignorantia legis neminen excusat*. Aduzir, em defesa, *"mas eu não sabia"* carece de fundamentação, não é suficiente, nem pode ser alegada. O erro deve ser sobre a ilicitude do fato conforme art. 21 do Código Penal, e, no caso de ser ele evitável, é causa de diminuição da pena, e, sendo inevitável, isenta de pena. Se o erro é escusável, afastada fica a culpabilidade quando diz ele respeito à ilicitude do fato. Daí que, quando o agente supõe, por erro inevitável, que sua conduta, embora possa ser tipificada, seria lícita por estar agindo sob uma causa excludente da antijuridicidade, não haveria culpabilidade. Ele pressupõe existir, a seu favor, uma excludente de criminalidade, como quando o agente age pressupondo-se em estado de necessidade porquanto o pagamento do tributo (v.g. Contribuição Previdenciária do INSS) acarretaria paralisação da empresa ou falta de pagamento dos empregados por inexistir, em caixa, todo o dinheiro necessário para honrar os dois compromissos.[338]

Poder-se-ia cotejar o caso exemplificado com o que Jeschek e Weigend denominam de *conflito de deveres juridicamente insolúvel*.[339] Embora tal conflito envolva e dele dependam vidas humanas (o médico que tem de socorrer a mais de um paciente), aqui, também, embora o dever não tenha a dimensão dos casos citados por eles, haveria um conflito de deveres: o de pagar contribuição social e o de pagar os empregados. E a solução deste conflito de deveres remete a decisão para o *âmbito da culpabilidade*, quando o agente se decide por um mal menor, mesmo porque a própria legislação entende que é preferencial o crédito trabalhista ao previdenciário. O princípio da igualdade determinaria a incidência da mesma solução, porquanto,

---

[337] SANTOS, 2006, p. 224-225. Bacigalupo, em razão dos problemas práticos, demonstra que "tanto a teoria *do dolo* como a teoria *da culpabilidade* tem introduzido diversas limitações, cuja finalidade coincidente é a de reduzir as absolvições fundadas no erro de proibição somente aos casos nos quais ela apareça como merecida pelo autor" (BACIGALUPO, 2002b, p. 126.

[338] A matéria deve ser objeto de prova da situação fática de insolvência ou pré-insolvência, não bastando simples alegação. Isso não significa responsabilidade objetiva. Villegas sustenta que pode ocorrer a falta de cumprimento da obrigação de pagar os tributos em razão de obstáculos insuperáveis que denomina de *impossibilidade material*. Entende que a causa de impossibilidade material afasta a subjetividade e não uma causa de justificação (VILLEGAS, Héctor B. *Régimen penal tributario argentino*. Buenos Aires: Depalma, 1995, p. 151). Por sua vez, WELZEL sustenta que o agente somente será absolvido, num estado de necessidade justificante, quando, apesar do exame conforme o dever da situação objetiva, é vencido pelo erro. Se não fizer o exame conforme o dever, é punível por dolo (WELZEL, 1993, p. 200).

[339] SANTOS, op. cit., p. 540.

em ambos, haveria conflito de deveres. Há, pois, um erro de proibição, cujas circunstâncias decidirão se era vencível ou invencível.

Maiwald menciona, como exemplo, idêntica situação, em que o empresário, em virtude de dificuldades da empresa, suspende os pagamentos tributários, o que caracterizaria defraudação tributária, em vez de solicitar uma moratória, sendo que ele supõe uma causa de justificação não existente, o que caracterizaria erro de proibição.[340] Para nós, tal exemplo seria inadimplência e não crime tributário, podendo, eventualmente, ocorrer o delito do artigo 2°, inc. II, da Lei n° 8.137/90, se o tributo for caracterizado, juridicamente, como *descontado* ou *cobrado*, v.g., o IPI, IR descontado na fonte, IOF e ICMS em substituição tributária.

Roxin,[341] ao abordar as formas de manifestação da consciência da antijuridicidade, observa que todos os erros de proibição são iguais no que concerne ao erro do sujeito sobre a proibição específica do tipo. Entretanto as razões em que se fundamentam os erros são diversas, motivo pelo qual se fala em formas específicas de manifestação do erro de proibição: *erro sobre a existência de uma proibição; erro sobre a existência ou os limites de uma causa de justificação*, mencionando como exemplo desse erro, o caso de alguém que crê poder corrigir, mediante castigos corporais, as crianças de outrem quando elas praticam travessuras imperdoáveis; *o erro de* subsunção é um erro de interpretação. Observa Roxin que um erro de subsunção não é necessariamente um erro de proibição. É quando há conceitos normativos complicados, nos quais "a interpretação decide sobre o caráter permitido ou proibido de uma conduta";[342] *o erro de validade,* em que o agente conhece a norma, mas entende-a nula por razões jurídicas, afastando-se as razões políticas, ideológicas, religiosas ou de consciência, o que não modifica a consciência do caráter proibido da própria ação.[343]

---

[340] MAIWALD, 1997, p. 58.

[341] ROXIN, 1999, p. 870 *et seq.*

[342] Ibid., p. 872. Na legislação brasileira, temos a Lei 5.700/71, a qual estabelece, em relação ao Hino Nacional, em seu artigo 24, incisos I a V: I – Será sempre executado em andamento metronômico de uma semínima igual a 120 (cento e vinte); II – É obrigatória a tonalidade de si bemol para a execução instrumental simples; III – Far-se-á o canto sempre em uníssono; IV – Nos casos de simples execução instrumental tocar-se-á a música integralmente, mas sem repetição; nos casos de execução vocal, serão sempre cantadas as duas partes do poema;V – Nas continências ao Presidente da República, para fins exclusivos do Cerimonial Militar, serão executados apenas a introdução e os acordes finais, conforme a regulamentação específica. A violação de tais normas constitui *contravenção*, com pena de multa. Quantos há, na área de direito, que conhecem tal norma? É perfeitamente viável, pois, que seja considerado erro de proibição qualquer equívoco na interpretação do Hino Nacional. Do contrário, como ficaria o hino nacional cantado por famosa cantora, inclusive em cerimônias oficiais, com aplauso de uma multidão?

[343] ROXIN, 1999, p. 873.

Raras são as situações fáticas, em concreto, de erro de proibição, segundo Teresa Serra. Diz ela que

normalmente, presume-se essa consciência, em especial nos casos em que a ilicitude do facto é evidente, o agente é adulto e plenamente capaz de culpa. Daí que, regra geral, o problema da consciência da ilicitude só seja analisado: a) quando o agente se defende alegando ter actuado em erro de proibição; b) nos casos em que existem fundadas dúvidas acerca da sua consciência da ilicitude, em virtude do agente ser estrangeiro; de a norma violada não pertencer ao núcleo do Direito Penal – podendo pertencer v. g. ao Direito Penal econômico, fiscal, aduaneiro, etc.; de ser duvidosa ou, até, contraditória a sua interpretação; c) e ainda quando o agente pudesse ter pensado estar a actuar na presença ou dentro dos limites de uma causa de justificação.[344]

Poder-se-ia falar, aqui, da consciência dissidente e do erro de compreensão mencionados por Zaffaroni e Pierangeli, os quais referem que *haverá casos de consciência dissidente em que apareça um verdadeiro erro de compreensão invencível*, especialmente quando estes estão culturalmente condicionados, ou seja, "quando o indivíduo tenha sido educado numa cultura diferente da nossa, e desde criança tenha internalizado as regras de conduta desta cultura".[345] Não se tem como estabelecer um limite, índice, padrão. Caso a caso é de ser examinada a situação para se verificar se o agente tinha consciência dissidente, tendo assimilado regras de conduta de tal cultura que tornaram sua conduta condicionada a tais regras.

Bacigalupo entende que o erro de proibição ocorre quando "o autor teve conhecimento correto das circunstâncias determinantes da tipicidade, mas agiu crendo que a realização do tipo não estava proibida pela lei – no seu caso: não agiu na crença de que a realização da ação não estava ordenada por lei".[346] E para ele, a crença errônea de estar agindo licitamente pode assumir diversas formas, podendo provir: a) ir do *desconhecimento da existência da proibição ou mandamento de ação*, espécie de erro mais comum no Direito Penal especial (erro de proibição direto), v.g., a questão do porte de arma modificado pela nova lei ou a declaração errada do imposto em razão de nova modificação da base de cálculo quando há fundadas dúvidas de como calculá-lo; b) de *uma apreciação errônea do alcance da norma (proibição ou mandamento)*-(erro de proibição direto), v.g., pensa que, na proibição de matar alguém, não está inclusa a eutanásia;

---

[344] SERRA, Teresa. *Problemática do erro sobre a ilicitude*. Coimbra: Almedina, 1991, p. 68.

[345] ZAFFARONI; PIERANGELI, 2006, p.553. É o caso do seringueiro que viveu a vida inteira embrenhado na floresta amazônica, subsistindo da pesca e caça. Se matar um animal silvestre para sua alimentação, como fazê-lo entender que não poderia ter matado o animal, se seu pai assim procedia, seus colegas e ele, durante toda a vida? E o caso dos índios, aculturados ou não, que têm uma tradição própria?

[346] BACIGALUPO, 2002b, p. 172.

c) da *suposição de uma causa justificação que, na realidade, o ordenamento jurídico não prevê* (erro de proibição indireto), v.g., a crença do professor de que, para fins educativos, pode aplicar castigos físicos; d) ou da *suposição dos pressupostos de uma causa de justificação prevista pelo ordenamento jurídico* (erro de proibição indireto),[347] modernamente, entendida como uma espécie *sui generis* de erro.[348]

Na área tributária, pode-se acrescentar a conivência da autoridade tributária ao tolerar comportamentos eminentemente de Direito Penal Tributário. A atitude ostentiva da autoridade tributária de não coibir ilícitos penais tributários induz o agente a pensar que aquela conduta não seja crime, caracterizando um erro de proibição.

3.3.2. Erro de proibição evitável e inevitável

O erro de proibição também pode ser *evitável* ou *inevitável*. O evitável também é chamado de inescusável e pode diminuir a pena de um sexto a um terço, e o inevitável, de escusável e isenta o agente da pena (art. 21 do CP).

3.3.2.1. Erro de proibição escusável ou inevitável

Para Francisco de Assis Toledo, é escusável o erro quando for ele inevitável, ou seja, invencível para o autor,[349] "por se tratar de uma verdadeira ignorância da ilicitude do fato". É erro de proibição invencível para Jescheck e Weigend quando o agente não está em situação de compreender o injusto do fato, não manifesta uma atitude jurídica interna reprovável quando atenta contra o direito.

É inescusável, ou seja, evitável, vencível o erro, quando se identifica com verdadeiras formas de *ignorantia legis*.

Toledo menciona como *erro escusável, inevitável, invencível*:

a) *erro de proibição direto* – o agente, por erro inevitável, realiza uma conduta proibida, ou por desconhecer a *norma proibitiva*, ou por conhecê-la mal, ou por não compreender o seu verdadeiro âmbito de incidência;

b) *erro de mandamento* – o agente, que se encontre na "posição de garantidor", diante da situação de perigo de cujas circunstâncias fáticas tem perfeito conhecimento, omite a ação que lhe é determinada pela *norma preceptiva* – dever jurídico

---

[347] BACIGALUPO, 2002b, p. 172-173.

[348] Veja-se que alguns o incluem no erro de tipo e outros no erro de permissão. Outros, de forma correta, entendem uma espécie *sui generis* de erro como adiante se verá.

[349] GOMES, 2001, p.143.

de impedir o resultado – supondo, por erro inevitável, não estar obrigado a agir para obstar o resultado;

c) *erro de proibição indireto* – o agente erra sobre a existência ou sobre os limites de uma causa de justificação, isto é, sabe que pratica um fato em princípio proibido, mas supõe, por erro inevitável, que, nas circunstâncias, milita a seu favor *uma norma permissiva prevalecente.*[350]

3.3.2.2. Erro de proibição inescusável ou evitável

O Código Penal diz que o *erro é evitável se o agente atua ou se omite sem consciência da ilicitude do fato, quando lhe era possível, nas circunstâncias, ter ou atingir essa consciência* (Parágrafo único do art. 21 do CP). Ele é punível em razão de que poderia ter sido evitado, sendo que "o erro evitável tem lugar porque o autor pode alcançar a consciência da antijuridicidade que realmente não teve ao executar o fato, isto é, porque pode agir de outra maneira".[351]

Há erro de proibição evitável quando o agente, embora agindo de boa-fé, não tomou o devido cuidado de efetuar os esforços exigíveis no caso para o conhecimento do direito.[352] Segundo Rudolphi, a "vencibilidade do erro de proibição não pode entender-se sob uma perspectiva puramente psicológica, mas que o importante é antes se ao autor se lhe pode realizar uma reprovação por causa de seu desconhecimento".[353] Noutras palavras, quando da realização do fato pelo autor, tinha ele condições de evitar a falta de conhecimento, ou seja, as circunstâncias do fato indicavam uma possível antijuridicidade, com o que se apresentavam razões para pensar sobre a antijuridicidade e, ao mesmo tempo, havia condições de esclarecer a situação jurídica.[354] Havendo dúvida, tinha o agente o dever jurídico de informar-se, especialmente na área tributária, caso fosse o agente comerciante ou industrial, para o qual se impõe a assessoria, mesmo porque há a faculdade de se informar junto na Fazenda Pública, o que lhe possibilita obter a correta informação, mesmo porque a dúvida se resolve com reflexão e informação. "A *autoreflexão* caracteriza-se por um esforço de consciência para compreender a significação jurídica da ação" e "a *informação*, pelo contrário, oferece melhores possibilidades, sempre e quando provém de uma fonte confiável. Normalmente esta será um advogado, mas também os no-

---

[350] TOLEDO, 1994, p. 270.
[351] BACIGALUPO, 2005, p. 398.
[352] JESCHECK; WEIGEND, 2002, p. 491.
[353] Ibid., p. 492, nota n. 23.
[354] BACIGALUPO, 2002b, p. 130.

tários, procuradores e funcionários competentes no âmbito no qual se deve desenvolver o projeto de ação".[355]

Não é só no caso de dúvida. Muitas vezes o agente sabe que atua num setor com normas específicas, devendo informar-se, ou quando ele está consciente de produzir uma lesão para outra pessoa ou para a comunidade, hipóteses perfeitamente adequadas aos crimes tributários, porquanto há normas específicas de conduta para as declarações devidas pelo agente e sabe ele, em face do que consta nos noticiários, que o valor sonegado causa dano à coletividade.[356]

Bacigalupo observa que "a punibilidade do erro evitável tem lugar porque o *autor podia ter tido* a consciência da antijuridicidade que realmente não teve ao executar o fato, i. é, porque podia agir de outra maneira".[357]

A consciência da ilicitude é obtida pela reflexão e informação (Roxin). O agente deve refletir e informar-se para evitar o erro. Roxin menciona três pressupostos ou requisitos dos quais depende a vencibilidade do erro e conseqüente inescusabilidade dele: "a) o sujeito deve ter tido um motivo para refletir sobre uma possível antijuridicidade de sua conduta ou para informar-se a respeito; b) quando existe um motivo para refletir, o sujeito ou não empreendeu nenhum tipo de esforço para assessorar-se ou estes esforços foram tão insuficientes que seria indefensável, por razões preventivas, uma exclusão da responsabilidade; ou c) quando o sujeito, apesar de existir um motivo, se esforçou pouco para conhecer o Direito, seu erro de proibição, sem dúvida, é vencível somente quando um dos esforços seria suficiente para precaver-se da antijuridicidade".[358] Neste ponto, não pode-se valer da alegação de falta de consciência da ilicitude aquele que não se inteira dos preceitos fundamentais para o exercício de sua profissão. Para Roxin, essa omissão faz com que o agente esteja sujeito por regra geral à pena correspondente ao dolo, incidindo somente a atenuação.[359] Roxin exemplifica como culpabilidade pelo fato ou culpabilidade do autor com o fato de alguém, supondo não estar fazendo algo proibido, entrega sua declaração tributária incompleta, infringindo preceitos jurídico-tributários, quando tinha, durante a confecção da declaração, oportunidade de consultar um

---

[355] BACIGALUPO, 2002b, p. 134.

[356] Muitas vezes ele tem consciência do dano à coletividade, mas, em face da constante malversação do dinheiro público pelo poder público, age como um "justiceiro". Apesar das razões subjetivas, um mal não justifica outro.

[357] BACIGALUPO, 2002b, p. 124.

[358] ROXIN, 1999, p. 884-885.

[359] Ibid., p. 881.

assessor tributário, o que evitaria o resultado. Ter-se-ia a vencibilidade do erro de proibição durante a realização do fato, sendo culpabilidade pelo fato.[360]

Como *erro de proibição inescusável ou vencível*, menciona-se a *ignorantia legis*, nas suas diversas formas: *erro de vigência, erro de eficácia* (pensa que contraria norma superior ou constitucional), *erro de punibilidade* (pensa inexistir pena criminal para a conduta proibida) *e erro de subsunção* (por erro de compreensão, supõe que a conduta que realiza não coincide, não se ajusta ao tipo delitivo, à hipótese legal).[361]

Segundo Walter M. Coelho, três situações caracterizam o erro evitável:

Primeira: o agente do crime age sem a consciência do injusto; mas, nas circunstâncias, com esforço de sua inteligência e vivências hauridas na comunidade, poderia atingir a real consciência da ilicitude do fato praticado;

Segunda: o agente do crime, embora sem a consciência do injusto, agiu na dúvida, deixando, propositadamente, de informar-se sobre a licitude de seu comportamento, para não ter que se abster da conduta proibida. Seria a *ignorantia affectata* do Direito Canônico;

Terceira: o agente do crime não tem consciência do ilícito, porque não procurou informar-se, convenientemente, para o exercício da profissão ou atividades regulamentadas. Aqui o dever cívico de conhecimento da norma jurídica é plenamente exigível, e não vago, irreal e fictício. É também um caso típico de *ignorantia vencibilis*, que não era novidade no Direito Eclesiástico.[362]

Para Jescheck e Weigend,

deve decidir-se basicamente o seguinte: como, em um Estado de Direito de caráter liberal, o cidadão deve deixar-se levar por uma conduta adequada à norma, o ordenamento jurídico exige dele que se esforce, a todo momento, para permanecer em harmonia com as exigências do direito (BGH2, 194[201]). Daí que também possa ocorrer uma reprovação de culpabilidade quando, em relação com a adequação de seu comportamento ao direito, o autor atuava *de boa-fé*, mas tendo omitido os esforços que lhe são exigíveis no conhecimento do direito.[363]

O simples esforço de consciência permite o conhecimento de violações morais. Exige-se, hoje, a reflexão e a informação do autor sobre o injusto.[364] Conforme Welzel,

na medida em que a lei penal declara punível uma conduta que já é merecedora de pena segundo a ordem moral, faz repousar a reprovabilidade da falta de conheci-

---

[360] ROXIN, 1999, p. 883.

[361] TOLEDO, 1994, p. 271.

[362] COELHO, Walter. Erro de tipo e erro de proibição no novo Código Penal. In GIACOMUZZI, Wladimir (Org). *O direito penal e o novo Código Penal brasileiro.* Porto Alegre: Fabris, 1985, p. 96.

[363] JESCHECK; WEIGEND, 2002, p. 491.

[364] ROXIN, 1999, p. 882.

mento do injusto numa falta de "esforço de consciência", porque os conteúdos da consciência formam-se, essencialmente, com convicções da cultura vivida. Ao autor pode-se reprovar seu erro sobre a antijuridicidade, quando podia assegurar-se com alguém da antijuridicidade de sua conduta mediante a própria reflexão dos valores ético-sociais fundamentais da vida comunitária de seu meio.[365]

No mesmo sentido, Bacigalupo cita decisão do Tribunal Federal alemão o qual afirmava:

> O ser humano, precisamente por sua disposição à autodeterminação moral livre, está chamado em cada momento para a tomada de decisões responsáveis, comportando-se de acordo com o direito como membro da comunidade jurídica e, portanto, para evitar a realização de ilícitos. Este dever não é satisfeito quando o homem somente deixa de praticar aquilo que ante seus olhos aparece como claramente ilícito. Pelo contrário, tem que tomar consciência em tudo o que pensa fazer de conformidade com os princípios do dever jurídico. As dúvidas têm que se resolverem mediante *reflexão* ou *informação*. (BGH, sentença de 18/03/52).[366]

Reflexão pressupõe um esforço em sua consciência para esclarecer a situação jurídica de seu projeto de ação, o que seria admissível para os fatos que contrariam normas ético-sociais, segundo Bacigalupo, que dá maior importância à informação, por meio de fontes confiáveis, como advogados, funcionários públicos.[367] O dever de assessorar-se surge, segundo Roxin, quando há dúvida sobre o injusto, ou seja, sobre a antijuridicidade da conduta. Se não indaga, existindo a dúvida, não se cogita de erro invencível. Igualmente, quando o sujeito não se esforça para alcançar os conhecimentos jurídicos necessários uma vez que sabe que o setor onde pretende atuar está sujeito a uma normatização jurídica específica. Está-se no campo dos erros vencíveis. E Roxin é incisivo: "quem trabalha nestes setores há de contar, no caso de infringir os preceitos correspondentes, com uma punição por delito doloso, quando não se pôs a par deles".[368] E, acrescenta, como exemplo de erro de proibição vencível, a situação fática em que o sujeito, agindo num âmbito com regulamentação específica, está consciente de que prejudica a outros ou à comunidade.[369] Está-se não num campo em que a ordem moral reprova, mas num campo em que "a autoridade administrativa, ordenadora e asseguradora do Estado cria um objeto de proteção próprio e o tutela mediante pena"[370] e quem não tem

---

[365] WELZEL, 1993, p. 203.

[366] BACIGALUPO, 2002b, p. 184.

[367] Ibid., p. 184-185.

[368] ROXIN, 1999, p. 886.

[369] Ibid., p. 887. Ver BACIGALUPO, 2005, p. 403. Veja-se o preconizado pelo artigo 154 da Lei n° 6.404, em que o administrador deve atender às exigências do bem público e da função social da empresa.

[370] WELZEL, 1993, p. 203.

conhecimento jurídico prévio, deve assessorar-se, tem o dever de se informar. Este dever é que torna reprovável sua conduta, porquanto, na área que atua, não se rege pela ética moral comum dos cidadãos.

Bacigalupo aduz que, "se o autor teve a possibilidade de conhecer de forma correta a situação jurídica incorretamente conhecida no momento da ação, teve também a possibilidade de comportar-se de outra maneira (de motivar-se de acordo com o direito, se além disso podia compreender a proibição e ajustar o seu comportamento a essa compreensão)". E adiante acentua que não há possibilidade de se conceituar a evitabilidade do erro como sendo a *infração de um dever de informar-se* se seu comportamente está conforme ao direito. "O não cumprimento de tal dever não tem porque determinar a evitabilidade do erro, pois não é possível concluir de forma totalmente segura que, se o autor houvera dado cumprimento, teria alcançado o resultado correto da relação entre seu ato e a ordem jurídica".[371] A legislação espanhola, entretanto, assim como a brasileira, prevê a consulta à Administração (art. 107 da LGT) para solucionar possíveis dúvidas do contribuinte. Seoana Spiegelberg, em decorrência, afirma que "parece óbvio em tal caso que, se este (o contribuinte) segue as instruções recebidas da Fazenda, não incorrerá, em princípio, no ilícito fiscal".[372] Para Bacigalupo, a constatação da evitabilidade do erro exige que o autor tenha tido razões para pensar na antijuridicidade de seu comportamento, ou seja, as circunstâncias do fato ofereciam ao autor razões suficientes para suscitar a questão da compatibilidade de sua ação com o ordenamento jurídico.[373]

Há, pois, divergências quanto ao alcance do descumprimento do dever de informar-se. Se ele se informou e agiu de acordo com a informação passada pela Administração competente, inegável que inexiste em tal conduta consciência da ilicitude, mesmo que o funcionário público tenha-se equivocado na informação. Daí por que Maiwald conclui que o erro sobre o dever tributário provocado pela informação recebida de local competente, que prestou informação de forma equivocada, é um erro de proibição e não de tipo,[374] mas erro de proibição inevitável. Por tal razão entende-se que estão sem razão Kaufmann e Bacigalupo quando afastam o dever de informar-

---

[371] BACIGALUPO, 2002b, p. 178-179. Consigne-se o afirmado, no presente trabalho, de que, se o agente se informa e o funcionário público presta uma informação que, posteriormente, é considerada falsa, não há como atribuir ao agente consciência da antijuridicidade.

[372] SEOANE SPIELGELBERG, José Luis. El delito de defraudación tributária. In GARCÍA NOVOA, César; LÓPEZ DÍAZ, Antonio (Coord.) *Temas de derecho penal tributario*. Madrid: Marcial Pons, 2000, p. 103.

[373] BACIGALUPO, op. cit., p.179-180.

[374] MAIWALD, 1997, p. 70.

se como um elemento determinável da evitabilidade ou não do erro. Este último autor aduz que a informação não significa que o resultado pudesse ser diferente. Isso pode ou poderia ocorrer em outros crimes; entretanto, nos crimes tributários, se o agente se informou de forma confiável, não há como responsabilizá-lo quer tenha ou não ocorrido o resultado. Seu erro, com a informação, é erro de proibição inevitável, afastando, no caso brasileiro, qualquer espécie de punição penal. No caso, contudo, em que o agente não se informa, embora não se possa dizer *a priori* que faltou a evitabilidade do erro, tal fato pesa no conjunto das circunstâncias que definirão se era evitável ou não o erro, porquanto deverão ser consideradas todas as circunstâncias emuldoradoras do fato em face da complexidade inerente ao Direito (Penal) Tributário.

Silva Sánchez ressalta a existência de duas perspectivas na questão do assessoramento na área tributária. Sob o *primeiro aspecto*, analisa-se a exclusão ou a atenuação da responsabilidade do assessorado. Sob o outro aspecto, a responsabilidade de quem presta assessoria. Diz ele:

> a primeira questão refere-se à possibilidade de que as informações recebidas do assessor produzam no assessorado um erro de tipo ou um erro de proibição (art. 14 CP), que conduza à exclusão ou atenuação de sua responsabilidade criminal. Esta questão tem sido examinada pelo Tribunal Supremo, definindo-se em linhas gerais a doutrina de que um profano pode achar-se em erro de proibição invencível (ou em todo caso, vencível) se realizou uma conduta antijurídica seguindo os conselhos de um perito em Direito.[375]

O *segundo aspecto* diz respeito à possibilidade de a conduta do assessor (advogados, economistas ou outros profissionais) poder ensejar uma participação criminosa, ou, para o Direito brasileiro, uma autoria, co-autoria ou autoria-mediata, dependendo das circunstâncias.[376] Aduz Silva Sánchez que esta questão deriva da crescente incidência do assessoramento jurídico-econômico no cometimento de

---

[375] SILVA SÁNCHEZ, Jesús-María. *El nuevo escenario del delito fiscal em España*. Barcelona: Atelier Libros Juridicos, 2005, p. 80-81. O autor lembra que alguns juízes e tribunais têm entendido como indício da existência de dolo assim como de conhecimento da antijuridicidade do assessorado a presença de assessores [SAP Baleares (sessão 1ª) de 17 de setembro de 1999]. Aliás, neste aspecto, têm razão quando o assessor é contratado para achar ou realizar o fato ilícito penal de forma mais proveitosa e de difícil descobrimento.

[376] Atente-se que o assessor, para Silva Sánchez, é um *extraneus*. Para o Direito brasileiro, ele tanto pode ser autor, co-autor ou partícipe, dependendo da situação fática, da espécie de conduta do assessor em relação ao assessorado. Partícipe ele seria somente na modalidade de auxílio ou de instigação ou omissão em face do dever de evitar o resultado ao verificar que o assessorado estaria praticando o delito. A teoria do domínio do fato é aplicável aos crimes tributários, sendo que o assessor pode ser co-autor em razão da estruturação da conduta do assessorado.

delitos,[377] devendo cada caso ser analisado em razão das circunstâncias e elementos envolvidos para se saber se o assessor incidiu em erro ou se agiu como autor, co-autor ou partícipe.

Bacigalupo[378] afirma que, na doutrina espanhola, a evitabilidade do erro não teve, ainda, uma atenção especial. Para a esfera penal tributária, entretanto, é relevante a questão da evitabilidade ou não do erro, por ser um direito especial, uma norma penal em branco, sendo o direito tributário complexo, o que pode ensejar dificuldade de compreensão.

Em face da relevância do assessoramento na área tributária, impõe-se uma análise específica dele.

3.3.2.2.1. O motivo para assessorar-se

Roxin aponta que as opiniões diferem quanto à necessidade de a pessoa se informar em relação às ações. Para ele, haveria três grupos de casos para se examinar a situação jurídica: "a) quando o próprio sujeito, espontaneamente ou por indicações de terceiros, por própria reflexão ou por leituras especializadas, tem as dúvidas; b) quando o sujeito não tem dúvida, mas sabe que se move num setor que está sujeito particularmente a regramento jurídico específico;[379] e c) quando o sujeito está consciente de que sua conduta prejudica particulares ou a coletividade".[380]

Na primeira situação, existente dúvida sobre o injusto, se o sujeito não a converte em motivo de posteriores indagações, não haverá um erro de proibição, mas *um caso de consciência eventual da antijuridicidade*. Há erro de proibição vencível quando o agente reprime ou não toma a sério suas dúvidas sobre o injusto,[381] isto especialmente na sonegação fiscal, quando a vantagem econômica advinda do crime tributário motiva-o a não tirar a dúvida existente.

---

[377] SILVA SÁNCHEZ, 2005, p. 82. Contudo, como reconheceu a sentença SAP Barcelona de 23 de abril de 1993, "não se pode admitir que uma pessoa em sua qualidade de assessor fiscal e contábil assuma como obrigação pessoal a responsabilidade de que tudo o que ele reflete nos livros e declarações efetuadas para as empresas para as quais presta seus serviços, sejam fiel reflexo da realidade econômica da empresa, ao não dispor diretamente da informação necessária para realizá-lo; toda sua atuação depende da supervisão e conformidade da pessoa à qual presta seus serviços e finalmente deve ressaltar-se que carece de domínio do ato que realiza, salvo nas hipóteses de extralimitação ou não-cumprimento das funções encomendadas, únicos casos em pude existir uma responsabilidade pessoal frente a seu cliente" (Ibid., p. 93-94).

[378] BACIGALUPO, 2005, p. 400.

[379] É o que ocorre na área tributária, na qual existe uma regulamentação especial para o exercício de atividades.

[380] ROXIN, 1999, p. 885-886.

[381] Ibid., p. 886.

Na segunda situação, o agente não se esforça para alcançar os conhecimentos jurídicos necessários, apesar de saber que o setor onde pretende atuar está sujeito a uma normatização jurídica específica como ocorre na área tributária.[382] Roxin menciona o sujeito que abre um banco ou uma tenda de comestíveis. Como há normas próprias para tais funções, deve o sujeito preocupar-se com os preceitos jurídicos vigentes no setor. E vai além, entende Roxin[383] que se o agente não se coloca a par dos preceitos jurídicos de tais funções, responde por delito doloso. É o que ocorre com quem estabelece uma indústria ou o comércio de bens. São profissões que se sujeitam a normas especiais, obrigando o agente a assessorar-se em face da própria complexidade da legislação tributária.

Na terceira situação, quando o agente está consciente de que prejudica terceiros, resolve-se dizendo que a infração de normas elementares ou de ordem social faz vencível o erro de proibição.[384]

3.3.2.2.2. A medida necessária dos esforços para assessorar-se

Se há um dever de assessorar-se, deve o agente consultar, v.g., um advogado para que o erro seja invencível. Mas isso não significa que deva o sujeito comprovar que o advogado seja tecnicamente preparado, a menos que ele consulte um advogado que não trabalha com a área consultada, e o advogado o alerta sobre sua falta de especialidade. Exceto essa última situação, figura, a favor do agente, a presunção de que o advogado está habilitado. Assim, se o agente consulta o advogado e age de acordo, há erro invencível. Contudo, se o advogado manifesta dúvida, impõem-se novas indagações, sendo invencível quando novas indagações não se fazem mais necessárias. Além do advogado, podem ser consultadas outras pessoas e instituições ligadas ao Direito, às Ciências Contábeis. Igualmente, a própria Fazenda Pública oferece o serviço de consulta. Feita esta, agindo a pessoa em conformidade com a informação que lhe foi prestada, não se cogita erro vencível, mas invencível. Da mesma forma, quando a jurisprudência consultada e em vigor é no sentido da conduta do agente, mesmo que depois ela mude, os fatos praticados sob aquela orientação constituem erro inevitável. Na verdade, a *jurisprudência* é uma fonte de informação, *prima facie* confiável. Assim, de acordo com Bacigalupo:

---

[382] ROXIN, 1999, p. 886.

[383] Ibid., p. 886.

[384] Ibid., p. 887.

quando o autor projetou sua ação sob o fundamento das decisões judiciais, seu erro sobre a antijuridicidade será, por regra geral, inevitável. Problemática pode resultar, nesse sentido, a *jurisprudência contraditória*. Mas, em tais casos, é evidente que não cabe exigir do autor alcançar um conhecimento que os próprios tribunais não têm podido estabelecer. Nestes casos, se o autor se comportou num dos sentidos admitidos pela jurisprudência, seu erro deve ser declarado inevitável.[385]

Welzel considera inevitável o erro que ele denomina *erro sobre a validez positiva de uma norma*, quando o autor age em razão de confiar na retitude de um tribunal inferior, v.g., estadual, cuja decisão entendeu inválida uma determinada norma.[386] Ocorre, por exemplo, quando um tribunal estadual nega vigência a uma lei estadual ou municipal tributária, num caso concreto, por entender que a norma é inconstitucional, e o autor pratica o fato em conformidade com a decisão desse tribunal. Inevitável é o erro.

Na prática, caso a caso, devem ser analisadas as condutas havidas para se saber se o agente desenvolveu os esforços mínimos necessários, se ele poderia ter conhecido o injusto ou não, caso tivesse tido um maior esforço de consciência, consultas ou outras formas semelhantes.[387]

Nos crimes tributários, para se saber se o erro sobre a antijuridicidade era vencível ou invencível, além dos aspectos acima, em razão da dúvida que suscita a matéria tributária, "requer a investigação de *se o autor teve à sua disposição meios adequados para alcançar o conhecimento da antijuridicidade* e se lhe era possível recorrer a eles" ou seja, "se o erro consiste no desconhecimento completo da antijuridicidade, a razão para verificar este elemento não se poderia determinar por meio de regras gerais. A verificação de sua ocorrência estará sujeita a um juízo particular em cada caso".[388] A situação fática concreta é que possibilita saber se o homem comum, com o dever tributário de se informar e/ou de se assessorar, tinha condições de conhecer ou desconhecer a antijuridicidade.

3.3.2.2.3. Outras situações

Apesar dos esforços não terem sido suficientes, isso não significa, para Roxin, que haja vencibilidade do erro. Se o agente agiu em razão de informação de um advogado digno de confiança, o qual lhe lembrou que a jurisprudência era naquele sentido, o erro, nessa

---

[385] BACIGALUPO, 2002b, p. 135.

[386] WELZEL, 1993, p. 202.

[387] Ibid., p. 194.

[388] BACIGALUPO, 2002b, p. 183-184.

situação, é invencível. Não há como se pretender que o agente duvide do conhecimento do advogado ou de empresa de consultoria tributária, quando a reputação deles é contrária.

Silva Sánchez menciona a existência do assessoramento defeituoso, "isto é, a informação sobre a suposta irrelevância jurídico-penal de uma atuação, que conduz o assessorado à prática de uma conduta que o faça incorrer em responsabilidade penal. Convém assinalar que o conceito de assessoramento *defeituoso* não se utiliza aqui como necessariamente equivalente a caráter errôneo da informação ministrada, senão como compreensivo da informação divergente da tese que finalmente acolhem os tribunais penais. A respeito convém distinguir duas variantes. A primeira, que o assessor tenha dado tal informação tendo certeza de seu caráter errôneo, ou tendo dita incorreção por provável, com o fim de oferecer ao cliente um produto de aparência excepcionalmente vantajosa, o que teria repercussão nos honorários. E a segunda, que o assessoramento *defeituoso* se tenha produzido por erro do próprio assessor, ou, naturalmente, por uma divergência de opinião perfeitamente fundamentada".[389] E isso é perfeitamente possível pelas divergências que ocorrem entre os assessores fiscais e a Fazenda Pública, especialmente quando aqueles suscitam questões atinentes à constitucionalidade de determinada norma ou quando questionam regulamento emanado do poder público sem observar decisões jurisprudenciais.

E como fica a situação do assessorado? É claro que depende da situação fática sugerida pelo assessor. Mas, não sendo conduta cuja falsidade seja perceptível pelo homem médio, poderia incidir em erro de proibição vencível ou invencível, sem se afastar a possibilidade de o assessorado incorrer sobre o erro de tipo, desde que induzido a erro sobre elemento do tipo. Assim, com exceção daquelas situações perceptíveis ao homem comum, as demais traduzem erro de proibição vencível ou invencível conforme as circunstâncias do fato, podendo o assessorado incorrer em erro de tipo se foi induzido a errar sobre um elemento constitutivo do tipo.

3.3.3. O erro de proibição direto e indireto

Jescheck e Weigend sustentam que "o erro de proibição é o equívoco sobre a antijuridicidade de fato". Para eles, "o erro de proibição não é só a aceitação positiva de que o fato está permitido, mas também, de forma igual que no erro de tipo, a ausência de

---

[389] SILVA SÁNCHEZ, 2005, p. 92.

uma representação sobre a valorização jurídica do fato".[390] Segundo eles, devem-se distinguir duas espécies de erro de proibição: o direto e o indireto. O *erro de proibição direto* é o erro em que o "autor não percebe como tal a norma de proibição referente ao fato e por isso crê que sua ação seja permitida. Também é erro de proibição direto, aquele que recai sobre os elementos de valorização global do fato na medida em que o que se questiona é o juízo de valor e não o conteúdo fático que lhe serve de base". O *erro de proibição indireto* é aquele em que o autor "atua sob o pleno conhecimento da proibição como tal, mas crê, erroneamente, que, no caso concreto, tenha lugar a intervenção de uma norma contrária, de natureza justificante por desconhecer os limites jurídicos de uma causa de justificação reconhecida, ou aceite, em seu benefício, uma causa de justificação não acolhida pelo ordenamento jurídico".[391] O agente, nesta última hipótese, de forma equivocada, crê na existência de uma causa de justificação, ou erra sobre os limites dela, pensando ser a ação permitida, ou, numa terceira situação que caracteriza o erro de tipo permissivo, o agente aceita equivocadamente a presença de circunstâncias que, se existissem, justificariam o fato – *espécie sui generis* de erro.[392]

Embora Villegas aborde a questão antiga de erro de fato e erro de direito, ao tratar de erro escusável, na área penal tributária, aduz que se deve considerar a multiplicidade, variedade e instabilidade das leis tributárias, as quais se constituem "numa complexidade atentatória do princípio da certeza e que justifica, em não poucos casos, a confusão e o equívoco do contribuinte".[393] E, conforme a jurisprudência, considerou-se que "existe erro escusável se os antecedentes administrativos evidenciam, de forma explícita e real, que a autora pôs ao conhecimento do organismo arrecadador seu critério interpretativo das normas em jogo, sem que merecesse observação fiscal sobre se se ajustava ao direito, ao que se somou que a norma legal em jogo era de difícil interpretação".[394] Essa conivência da administração com o agente, em questão conflituosa de interpretação, afasta a antijuridicidade do fato.

---

[390] JESCHECK; WEIGEND, 2002, p. 490.

[391] Ibid., p. 491.

[392] Ibid., p. 496.

[393] VILLEGAS, 1995, p. 140. Ele, ainda, menciona a posição da jurisprudência argentina, a qual aceita o erro escusável, mas deve tratar-se de erros que não demonstrem uma ocultação destinada a iludir impostos, admitindo-a de forma restrita. (Ibid., p. 146) A jurisprudência tem valorizado favoravelmente a *lealdade administrativa do contribuinte e a ausência de ocultação de dados*.(Ibid., p.148)

[394] Ibid., op. cit., p. 148.

3.3.4. O erro mandamental

Cabem algumas considerações especiais sobre o erro de mandamento, por sua relevância em relação aos crimes tributários. Ocorre que pode o agente, nos delitos tributários, informar-se, tanto que a legislação estadual, em muitos Estados, prevê a consulta aos órgãos oficiais, com o que pode ele saber da licitude ou não de sua conduta. Ademais, a legislação impõe, v.g., aos administradores, o assessoramento e presença de um responsável contábil, para que os documentos fiscais e a própria contabilidade da empresa sejam reflexo da realidade do negócios. Assim, ele pode informar-se com o órgão oficial ou com seu profissional habilitado. Contudo, deixando de informar-se, não só no órgão oficial, mas com seu contador, profissional obrigatório da empresa, sobre determinada conduta, pode ele alegar que o erro era inevitável, quando a informação poderia afastá-lo? Há, pois, um dever de informar-se para o exercício de determinadas profissões, v.g., comerciante, industrial, etc. E, se apesar desse dever, o agente não cumpre o dever, inescusável é o erro, e, como tal, não afasta a culpabilidade, constituindo-se, somente, causa de diminuição de pena (minorante). Ao inverso, se tomou todas as cautelas, se buscou as informações, se contratou profissional para que sua conduta fosse lícita, não para burlar a lei, se suas condutas anteriores são indicativos de buscar agir dentro da lei, não há como negar a aplicabilidade da isenção da pena pela escusabilidade do erro de proibição. Igualmente, quando se informa no órgão fazendário, ou age de acordo com a informação equivocada do funcionário, agiu ele com erro sobre a antijuridicidade do fato, sendo isento de pena por escusável o erro.[395]

No erro de mandamento[396] ou erro mandamental, o agente se equivoca sobre o alcance de uma norma proibitiva ou mandamental. Roxin exemplifica com o fato de alguém ter atuado sem informar-se a respeito de nada, na crença de que sua conduta está conforme ao Direito, e tem de seu lado a jurisprudência, sem que ele saiba. Diz ele que, nesse caso, mesmo que a jurisprudência mude, posteriormente, há que ser considerado invencível seu erro de proibição.[397] Ora, se os próprios tribunais entenderam a matéria da forma como ele a entendeu, como não sendo proibida, se tivesse-se informado teria obtido a informação que apoiava sua conduta – a jurisprudência entendia da mesma maneira – daí por que a simples ausência de informar-se,

---

[395] Ver WELZEL, 1993, p. 204.

[396] GARIBALDI; PITLEVNIK, 1995, p. 87: o erro de mandamento é o que recai sobre o dever de atuar emergente da posição de garantidor.

[397] ROXIN, 1990, p. 878.

existente o dever, não significa a vencibilidade do erro. Figueiredo Dias acentua que "quando há dúvidas sobre a licitude ou ilicitude da ação", não deve "o agente remeter-se ao seu próprio juízo, mas esclarecer-se com pessoa competente".[398] Diz ainda:

> Conexionando-se o erro sobre a proibição com o sentido das correntes jurisprudenciais, ele deverá ter-se por não censurável desde que o agente se tenha ligado ao sentido da jurisprudência anterior ou – quando exista jurisprudência contraditória – ao sentido da jurisprudência de um tribunal superior ou da mais recente posição assumida pelo tribunal que vai julgar a causa; pelo contrário o erro será censurável quando o agente, fora dos casos antes referidos, tenha aceito o risco que deriva da própria insegurança jurisprudencial, decidindo-se no sentido mais favorável aos seus interesses (a menos que não seja exigível que omita a conduta até que a situação jurídica se esclareça).[399]

Em cada caso, ela deve ser analisada. Entretanto, no caso especificado por Roxin, se o agente, após ter-se pacificado a jurisprudência, tendo o dever de informar-se, o erro não é invencível se ele, como no caso do contribuinte de tributos, deixa de se informar nos órgãos fazendários – direito de consulta – ou com o contador, profissional obrigatório e que atua como garantidor.[400]

Na área tributária, o papel de garantidor é do contador, do bacharel em Ciências Contábeis que assessora a empresa. Tem ele punição de suspensão do exercício da profissão, se dentro do âmbito de sua atuação e no que se referia à parte técnica, forem responsáveis por qualquer falsidade de documentos que assinarem e pelas irregularidades de escrituração praticadas no sentido de fraudar as rendas públicas (Decreto-Lei 5.844, de 23–9-1943, art. 39, parágrafo 1º e Decreto-Lei n. 9.295/46, art. 27, letra "d"). Ele deve informar o contribuinte do dever de conduta. Percebendo ele que o contribuinte assessorado está praticando conduta típica, por omissão, v.g., tem ele o dever de informar e de evitar o resultado. Se, em razão da conduta do contribuinte, a falsidade capaz de reduzir ou suprimir tributo concretizar-se fora de sua esfera de atuação, em face do dever mencionado, deve ele agir. Na omissão desse agir, pode ocorrer

---

[398] DIAS, 2001, p. 324.

[399] Ibid., p. 325.

[400] Jakobs entende que o dever de garantidor não é objeto do dolo de tipo. A consciência de contrariar um mandamento é a consciência do injusto do delito de omissão como no delito de comissão é a consciência de infringir uma proibição. Contudo, se se tratar de erro sobre a posição de garantidor, v.g., sobre os elementos que caracterizam o garantidor, tal conhecimento pertence ao dolo, há erro de tipo, porquanto "estes elementos determinam o alcance do âmbito de organização (na responsabilidade em virtude de incumbência por organização) ou o alcance do dever especial assegurado especialmente (na responsabilidade em virtude de incumbência institucional), sendo portanto elementos do tipo como matéria de proibição". (JAKOBS, 1997, p. 1015-1016). Ver WELZEL, op. cit, p. 204.

erro de mandamento ou pode ocorrer um erro de tipo, se ele entende que não tem sua função obrigação nenhuma com o evento, porquanto não foi de seu conhecimento direto, em razão de sua atividade. Igualmente, quanto aos administradores das sociedades anônimas, cada membro do Conselho de Administração é responsável pelos resultados lesivos provocados por atividade da empresa em virtude da configuração de seu âmbito de organização. Ao assumir está obrigado a atuar como barreira de contenção para evitar riscos ou resultados lesivos por um dever jurídico extrapenal. Assim, o artigo 163, IV, da Lei 6.404, impõe ao Conselho Fiscal o dever de denunciar erros, fraudes ou crimes à Assembléia Geral. E, conforme o artigo 154, o administrador deve exercer as atribuições que a lei e o estatuto lhe conferem para lograr os fins e no interesse da companhia, satisfeitas as exigências do bem público e da função social da empresa. Por fim, acrescente-se, o administrador não é responsável por atos ilícitos de outros administradores, salvo se com eles conivente, se negligenciar em descobri-los ou se, deles tendo conhecimento, deixar de agir para impedir a sua prática (art. 158, § 1° da Lei 6.404). Ressalta, portanto, claro o dever extrapenal de agirem para evitar o resultado. Tal dever impõe o dever de se informar, sendo o desleixo, nesta área, causa de afastamento da evitabilidade do erro.

Teresa Serra menciona que "a atenção requerida para o exame da ilicitude não é a mesma para todos os fatos puníveis" e relaciona a evitabilidade ou inevitabilidade com a ordem moral e ética. Se a infração penal atinge também a ordem moral e a ética, normalmente é evitável o erro, em razão de que "a valoração normativa pode surgir do próprio sentimento jurídico com um maior ou menor esforço da consciência".[401] Contudo, muitas vezes, o fato não tem relação com a ordem moral. Aí a dificuldade é maior, segundo Teresa Serra. Segundo ela,

> é o que sucede no âmbito do Direito Penal especial – Direito Penal econômico, fiscal, aduaneiro, etc. Aí, contudo, há que salientar a *função de apelo* do dolo de tipo e do *dever de informação* que decorre do conhecimento das circunstâncias do facto, não havendo, mesmo nestes casos, necessidade de regressar às soluções das teorias do dolo.[402]

Jescheck e Weigend distinguem as normas jurídicas ou como normas de proibição ou como normas mandamentais. Por meio das normas de proibição, fica proibida determinada ação: o agente infringe a norma quando realiza a ação proibida pela norma. Por outro lado, por meio das normas mandamentais, ordena-se uma ação

---

[401] SERRA, 1991, p. 71.

[402] Ibid.

concreta: constitui infração jurídica exatamente a omissão da ação determinada pela norma. Daí por que "todos os delitos omissivos são infrações de normas mandamentais".[403] E adiante, "nos delitos comissivos o *objeto da consciência do injusto* é a *proibição* jurídica de uma ação determinada", ou seja, o agente, de conformidade com a lei, deve ter conhecimento de que não pode praticar aquela conduta. "Ao contrário, nos delitos omissivos, a consciência do injusto se refere ao *mandamento* jurídico de levar a cabo uma ação concreta: *o autor deve saber que conforme a lei não pode omitir a ação correspondente"*. Para eles,

nos delitos omissivos existe um *erro sobre o mandamento* – correlativo ao erro de proibição no delito comissivo – quando o autor se equivoca acerca de seu dever de ação: *desconhece a norma mandamental* da qual se deriva a antijuridicidade material do comportamento passivo. De modo igual ao de proibição nos comissivos, o erro sobre o mandamento nos delitos omissivos não afeta o tipo senão a *antijuridicidade*. Ao tipo de delito de omissão própria pertence somente a situação típica, mas não o dever de ação que dela deriva (BGH 19, 295[298]; 25, 13[18]), e ao tipo de delito de omissão imprópria pertencem somente os elementos da posição de garantidor, mas não o dever de garantidor mesmo (BGH 16,155 [158]; BGH GA 1968, pág. 336). Dele deriva que o erro de proibição e o que versa sobre o mandamento tem que receber o mesmo tratamento.[404]

E entendem que, para o erro mandamental, devem-se estabelecer regras especiais: a) o dever de atuar não se compreende na mesma medida que o dever de omitir; b) a obrigação jurídica de intervir com a finalidade de evitar o resultado é menos conhecida para muitas pessoas que o dever de omitir um comportamento lesivo; c) nos delitos de omissão imprópria não regulados legalmente, a norma preceptiva não só se deriva da proibição penal de menosprezar um determinado bem jurídico, senão da norma de dever não pertencente ao Direito Penal que impõe a intervenção mediante um agir positivo para a proteção do bem jurídico posto em perigo. O erro do autor da omissão, portanto, pode referir-se aqui tanto à norma de proibição penal como ao dever de garantidor.[405] E, segundo a teoria formal do dever jurídico, ele se originaria da lei, do contrato e do atuar precedente perigoso. Walter Coelho menciona que este dever pode se originar "a) de uma norma legal específica (dever legal); de uma obrigação contratual (dever contratual); c) de uma manifestação unilateral da vontade; e/ou d) de um comportamento anterior que

---

[403] JESCHECK; WEIGEND, 2002, p. 648. Para eles, *delitos de omissão própria* "são aqueles cujo conteúdo se esgota na *não realização de uma ação exigida pela lei*". Nos *delitos de omissão imprópria* é imposto ao garantidor *um dever de evitar o resultado*"(Ibid., p. 652).

[404] Ibid., p. 685.

[405] SERRA, 1991, p. 685.

tenha criado condições de perigo para a ocorrência do resultado".[406] Jescheck e Weigend entendem que os deveres de garantidor se determinam de acordo com pontos de vista material e formal, distinguindo-se num primeiro grupo os deveres de proteção relacionados com determinados bens jurídicos: dever de garantidor determinado por um vínculo natural (pais em relação aos filhos); por relações estreitas de comunidade (guia de uma excursão numa montanha); e assunção voluntária (o guia experiente que dirige uma excursão na montanha; o empresário como retentor do imposto sobre o salário). E, num segundo grupo, a responsabilidade de determinadas fontes de perigo: o dever de garantidor originado do atuar precedente perigoso com base na proibição neminem laede; dever de garantidor para o controle de fontes de perigo; dever ou responsabilidade como garantidor da atuação de terceiras pessoas (as pessoas encarregadas da educação de menores que se encontram sob sua supervisão devem cuidar para que estes não cometam delitos).[407]

Inicialmente, Roxin entendia que, nos delitos de omissão imprópria, havia infração de dever. Sánchez-Vera Gómez-Trelles critica tal posicionamento, dizendo que,

> sem dúvida é mérito de ROXIN não só haver descoberto a categoria dos delitos de infração de dever, como também tê-la trabalhado em torno da tradicional dogmática dos denominados delitos de omissão, pois muitos destes delitos são, também, de infração de dever. Sem dúvida, segundo o moderno entendimento da omissão, a identificação de ROXIN fez dos delitos de omissão com os de infração de dever é correta somente em parte. Com efeito, nem todos os casos de omissão constituem delitos de infração de dever, uma conclusão que já havia mostrado o desenvolvimento da teoria do delito de infração de dever por parte de JAKOBS e que o próprio ROXIN – com grande honestidade científica – veio a reconhecer na sétima edição, recém surgida, de sua *Täterschaf und Tatherrchaaft*. Uma omissão punível não implica, necessariamente, um dever especial, nem, portanto, um delito de infração de dever, senão que, em certas ocasiões, tem sua origem nos deveres que surgem das expectativas associadas a toda pessoa (cidadão) pelo fato de sê-lo, posto que toda pessoa, exceto os inimputáveis, podem organizar com conseqüências jurídicas, também toda pessoa poderá ser autor – e não somente alguns poucos com o dever especial – de um delito comum de omissão, quando deva atuar para manter indenes as esferas jurídicas alheias e não o faz.[408]

Como bem sintetiza o Tribunal Supremo Federal alemão, "a proibição de uma ação obriga a omiti-la. A proibição de omitir uma

---

[406] COELHO, Walter. *Teoria geral do crime*. Porto Alegre: Fabris e Escola Superior do Ministério Público, 1991, v. 1, p. 84.

[407] JESCHECK; WEIGEND, 2002, p. 668 *et seq.*

[408] SÁNCHEZ-VERA GÓMEZ-TRELLES, Javier. *Delito de infracción de deber y participación delictiva*. Madrid: Marcial Pons, 2002, p. 80-81.

determinada ação determina que seja ela levada a cabo".[409] Ora, no plano idiomático, Sánchez-Vera Gómez-Trelles observa que,

> se a formulação de uma norma, como proibição ou como mandamento, é intercambiável de uma forma absolutamente discricionária – por serem os conceitos de mandamento e proibição *opostos contraditórios* -, é óbvio que não se pode vincular conseqüência jurídica alguma nem ao conceito de proibição, por um lado, nem ao de mandamento, por outro. O fato de o legislador ter formulado de forma casual – ou, em todo o caso, de forma discricionária ou prática – uma norma como mandamento ou proibição, ou o fato de que o juiz a interprete como uma proibição ou como um mandamento, carece, pois, de toda a relevância do ponto de vista normativo. Classificações como: "normas que tem sido formuladas como mandamentos só podem ser transgredidas por garantidores" são, em princípio – isto é, sem maiores precisões –, tão insignificantes como a classificação: "normas que tenham sido formuladas como proibições podem ser quebradas por qualquer um", pois, como dissemos, as formulações "mandamento" e "proibição" são sempre intercambiáveis, o que deixa ditas afirmativas sem conteúdo. Tampouco afirmações como "proibições só podem ser violadas mediante ações, mandamentos mediante omissões" podem ser relevantes. Do tipo de norma, mandamento ou proibição, não pode depender nada. [410]

No plano material, há delitos de omissão que não correspondem à violação de um mandamento, mas de uma proibição. Para Sánchez-Vera Gómez-Trelles, "os mandamentos e as proibições diferenciam-se tão-somente do ponto de vista lingüístico (nos tipos de interpretação também ainda do ponto de vista material), pelo que seria melhor falar em de instituição positiva e negativa *versus* proibição e mandamento".[411] Seria positiva (ação de edificar um mundo em comum para fomento e ajuda de um determinado bem jurídico) e negativa (ação de não lesar, não causar dano). "O importante quanto à forma de comportamento, não é o binômio ação/omissão (se o sujeito atuou ou omitiu), mas o *status* positivo e o negativo (se o

---

[409] Ibid., p. 110. Assim, a proibição da omissão do registro das operações nos livros e documentos fiscais determina que ela seja efetuada. Aliás, a norma extrapenal determina que haja o registro das operações, e a norma penal proíbe a omissão das operações. KAUFMANN alerta que o conteúdo do mandamento é sempre uma ação final. E para distinguir mandamento de proibição, aduz que "se o mandamento *exige* realizar uma ação (final), a proibição *veda* executar uma ação (final). Ali ordena-se um atuar, aqui se exige omitir uma ação". Não é a redação da norma o que determina o que é omitir ou atuar, mas – como com razão destaca ENGISCH – 'ao contrário, o caráter da norma como mandamento ou proibição se determina em função de se ter por conteúdo um fazer ou um omitir'(ENGISCH, Karl. *Von weltbil des juristen.* Heidelberg, 1950, p. 30) KAUFAMANN, 2006, p. 25-26. E alerta Kaufmann, na página seguinte, que WOLF considera sinônimos a proibição de não elidir o pagamento dos impostos em relação ao de pagar os impostos.

[410] SÁNCHEZ-VERA GÓMEZ-TRELLES, op. cit., p. 110-111.

[411] Ibid., 2002, p. 116.

sujeito encontrava-se unido à realização por uma relação positiva ou simplesmente negativa)".[412] Em razão disso pode-se afirmar que,

> uma ação – e como tal extrapenal- (ou uma omissão) unicamente dá lugar no sentido jurídico-penal (mediante o código jurídico) a um delito de domínio, na medida em que se está diante de uma instituição negativa. Uma omissão – e como tal, extrapenal – (ou uma ação), somente dá lugar no sentido jurídico-penal (mediante o código jurídico) a um delito de infração de dever, na medida em que se está diante de uma instituição positiva.[413]

Relevante, portanto, não é se existe uma proibição ou um mandamento, mas se o *status* era positivo ou negativo, mesmo porque quando há uma proibição, nascem deveres de atuar, especialmente, em face da Lei 8.137/90, cujo artigo 1° contém proibições e mandamentos extremamente cambiáveis, alcançando-se o resultado por comissão, quer própria ou quer imprópria.

Diante disso, não se pode, pura e simplesmente, vincular proibição com ação, e mandamento com omissão. Isso é relevante nos crimes tributários, porquanto os delitos do artigo 1° da Lei n° 8.137/90 são comissivos por ação ou por omissão.[414] Na verdade, a ação e a omissão, nos crimes tributários, encontram-se no mesmo nível causal do resultado, porque o agente pode reduzir ou pode suprimir tributo ou contribuição social e qualquer acessório, por meio da ação ou por meio da omissão, especialmente, quando está presente o dever de declarar.[415] O contribuinte tem o dever legal de declarar corretamente as operações; a omissão causa o mesmo resultado ou até mais alto do que o da ação; se ele efetuou operação, tem ele o dever de registrá-la; e tem ele, evidentemente, a possibilidade de impedir o resultado: bastava ter agido como determina a legislação tributária. Se o agente tem o dever de registrar as operações em seus livros e documentos fiscais, a redução do tributo pode ocorrer com a ação de registrar valor inferior ao da operação ou com a omissão do registro integral da operação. De uma ou de outra forma, ocorre o resultado: redução do tributo ou sua supressão. Daí por que os crimes tributários do artigo 1° da Lei n° 8.137/90 são crimes omissivos impróprios,

---

[412] SÁNCHEZ-VERA GÓMEZ-TRELLES, op. cit., p. 121.

[413] Ibid., p. 120-121.

[414] Não se desconhece a voz quase isolada de Kaufmann de que não se poderia cometer por omissão um delito comissivo e por comissão um delito omissivo (KAUFAMANN, 2006, p. 319), o que se afasta, especialmente nos crimes tributários, em razão de que o resultado se obtém tanto pela ação como pela omissão. Esta particularidade dos crimes tributários deve ser considerada na questão da evitabilidade ou não do erro.

[415] Walter Coelho aponta a existência de quatro elementos a integrarem o crime omissivo impróprio: "1°) abstenção de atividade imposta por dever jurídico; 2°) superveniência de resultado típico decorrente da omissão; 3°) situação fática geradora do dever de agir; 4°) real possibilidade física de impedir o resultado" (COELHO, 2001, p. 86).

ou crimes comissivos por omissão, e decorre da lei tributária[416] a obrigação primária de registrar as operações que realiza na empresa constituída pelo agente. Sob o aspecto material, pouco importa que o autor pratique uma ação ou uma omissão preconizada no texto legal para caracterizar o delito. As condutas, quer comissiva quer omissiva, são meios aptos a reduzir ou a suprimir o tributo. Veja-se: se o autor insere nos documentos fiscais valor inferior ao da operação, ele estará reduzindo o tributo devido. A escala varia: reduz 1%, 2%, 10% [...] 99% etc. Se ele não registrar a operação realizada, ele reduziu 100% do valor do tributo naquela operação, ou seja, não é só a omissão que traduz uma infração de dever, porquanto a ação e a omissão, no caso, significam tão-somente a graduação da dimensão dos valores sonegados, uma vez que ambos infringem o dever de declarar corretamente as operações realizadas, podendo-se aduzir que há uma proibição de declarar falsamente ou que há um mandamento de declarar corretamente. A ação e/ou a omissão[417] realizam o verbo nuclear do tipo (reduzir ou suprimir), alcançando o resultado por uma ou por outra forma de conduta, ou seja, a omissão se destina a produzir o resultado de forma idêntica como a ação. Esse exemplo de registro das operações não tem nada a ver com a complexidade das leis tributárias, nem com a absurda quantidade de sua emissão. É uma conduta de conhecimento de qualquer comerciante ou cidadão, cujo desconhecimento seria de dificílima alegação. Em conseqüência, se o agente, por omissão, reduz ou suprime tributo ou contribuição social ou qualquer acessório, "a ocorrência do resultado diz respeito à tipicidade, mas o dever de agir já antecipa e fundamenta a antijuridicidade da omissão".[418] Daí por que se torna difícil a ocorrência do erro de tipo, sendo mais comum o erro de proibição nos crimes tributários. Ademais, consigne-se que a legislação tributária determina, de forma minuciosa, o comportamento do agente-contribuinte, tornando-se, em princípio, mais objetivo o mandamento do qual se origina o dever.

---

[416] Não só decorre da norma penal como da norma tributária, ou seja, de relações jurídicas especiais, as tributárias, cujo dever decorre de lei e tem como conteúdo um atuar, segundo Feuerbach, na lição de PERDOMO TORRES, Jorge Fernando. *La problemática de la posición de garante en los delitos de comisión por omisión*. Bogotá: Ed. Universidad Externado de Colombia, Centro de Investigaciones de Derecho Penal y Filosofía del Derecho, 2001, p. 22).

[417] "Fundamento da teoria da posição de garantidor é para este autor (Herzberg) o 'conceito negativo de ação'; segundo este conceito, o causar ativo e o evitar omitido de um resultado típico podem ser reunidos um critério superior que ele denomina 'no evitación evitable'". (Ibid., p. 83)

[418] COELHO, 2001, p. 85.

3.4. Das descriminantes putativas

3.4.1. O conhecimento da ilicitude – teorias

As teorias sobre o conhecimento têm relevância para a questão do erro de tipo e erro de proibição. Elas podem ser divididas em *teoria do dolo, teoria da culpabilidade* e *teoria dos elementos negativos do tipo*.

Teoria do dolo[419]– Para esta teoria, o conhecimento da ilicitude é considerado elemento do dolo, constituindo-se pela consciência (e vontade) do fato e pela consciência e vontade do desvalor do fato.[420] Para ela, o erro sobre uma causa de justificação, isto é, a suposição errônea de uma dessas causas afasta o dolo.[421]

Teoria dos elementos negativos do tipo – Segundo Jescheck e Weigend, a teoria trata as causas de justificação como elementos integrantes do tipo, de forma que seus pressupostos sejam considerados como elementos negativos do dolo.[422] Noutras palavras, a compreensão errônea dos pressupostos de uma causa de justificação é vista como erro de tipo, e não como erro de proibição. Conforme HIRSCH, o fundamento pelo qual a suposição errônea da existência de condições de uma causa de justificação exclui o dolo é de que,

> como as causas de justificação são elementos negativos do tipo, o conteúdo do dolo se inverte até o ponto que o conhecimento de um elemento positivo equivale ao conhecimento (suposição) de um negativo. Em conseqüência, a errônea suposição das condições de uma causa de justificação, no sentido da suposição errônea de um elemento negativo do tipo, exclui o dolo da mesma forma que um erro de tipo comum.[423]

Teoria da culpabilidade, com vínculo na teoria finalista da ação, ela distingue o *conhecimento do fato do conhecimento da antijuridicidade do fato*. Para ela, o que constitui o dolo é a *consciência* e *vontade* do fato, os quais constituem o elemento subjetivo geral dos crimes dolosos; a *consciência da antijuridicidade*, por sua vez, constitui o elemento da culpabilidade, com base no qual se forma o juizo de reprovabilidade. Nesta distinção entre as duas espécies de consciência – *a do fato* e

---

[419] Teoria extremada do dolo situa o dolo na culpabilidade e a consciência da ilicitude deve ser atual, no próprio dolo. A teoria limitada do dolo substitui o conhecimento atual pelo potencial da ilicitude e exige a consciência da ilicitude material, não puramente formal.

[420] SANTOS, 2005, p. 224.

[421] MIR PUIG, 2005, p. 543.

[422] JESCHECK; WEIGEND, 2002, p. 498.

[423] HIRSCH, Hans Joachim. *Derecho penal*: obras completas. Traducción Dirk Styma. Buenos Aires: Rubinzal-Culzoni, 2005, v. 4: La doctrina de los elementos negativos del tipo penal. El error sobre las causas de justificación, p. 17. MIR PUIG, 2005, p. 544.

a da antijuridicidade do fato – encontra-se a base da distinção entre *erro sobre o tipo*, excludente do dolo, e *erro sobre a proibição*, excludente ou redutor da reprovabilidade, "uma necessidade lógica da estrutura dos conceitos de dolo e de culpabilidade".[424]

Entretanto, duas correntes existem na Teoria da Culpabilidade: a extrema ou estrita (Welzel, predominante entre os finalistas) e a limitada (dominante hoje na doutrina e na jurisprudência alemã). Para *a estrita*, segundo Jescheck e Weigend, "trata o erro sobre as circunstâncias de fato de uma causa de justificação reconhecida, de acordo com as regras gerais do erro de proibição".[425] Separa o dolo da consciência da ilicitude. O dolo está no tipo, enquanto a consciência da ilicitude e a exigibilidade de conduta diversa pertencem à culpabilidade. Para a *limitada*, o erro sobre os pressupostos de uma causa de justificação não se considera um erro de tipo, mas se considera como tal pela semelhança existente, estruturalmente, com o erro de tipo.[426] Ela identifica-se com a teoria extremada no que concerne à separação de dolo e consciência da ilicitude. O que as distingue é o ponto referente às causas de justificação. Segundo Bitencourt,

> para a *teoria extremada* todo e qualquer erro que recaia sobre uma causa de justificação é erro de proibição, com as conseqüências próprias deste tipo de erro. Para a *teoria limitada* há distinção entre *duas espécies de erro*: uma, a que recai sobre os *pressupostos fáticos* de uma causa de justificação, a que considera tratar-se de *erro de tipo permissivo*. Para a teoria limitada, que entende que o erro sobre os pressupostos fáticos constitui um *erro de tipo permissivo,* tem o mesmo efeito de erro de tipo: exclui o dolo, mas permite a punição como crime culposo, se houver previsão legal da modalidade culposa. No caso, porém, de o erro incidir sobre a existência ou os limites de uma causa de justificação, configura o *erro de proibição*, cujas conseqüências são as já examinadas: exclui a culpabilidade, se evitável, ou atenua a pena, se evitável.[427]

Jescheck e Weigend mencionam, como teoria que está ganhando projeção, a *teoria da culpabilidade orientada às conseqüências jurídicas*. Para ela,

> o motivo de tratamento privilegiado do erro de tipo permissivo face às hipóteses do erro de proibição indireto reside, por um lado, em seu menor [...] desvalor da ação. Tal minoração decorre da consciência do autor que crê estar agindo justificadamente e que se refere a uma causa de justificação reconhecida pelo direito (o autor crê atuar legalmente no sentido do direito positivo existente). Por outro lado, o conteúdo da culpabilidade do fato é diverso ao dos delitos dolosos: a motivação que conduziu

---

[424] SANTOS, 2005, p. 214-215.

[425] JESCHECK; WEIGEND, op. cit., p. 498.

[426] Ibid., 2002, p. 499.

[427] BITENCOURT, 1997, p. 356.

à formação do dolo do fato não reside na ausência de uma atitude jurídica interna, mas na análise pouco cuidadosa da situação.[428]

No momento em que o autor admite de forma equivocada os pressupostos de uma causa de justificação existente no mundo do Direito, o agente não está renunciando aos valores da comunidade jurídica, como ocorre, de forma clara, nos delitos dolosos. "O castigo sobre a base do tipo doloso não resulta justificado porque, como conseqüência do erro, o dolo não se mostra como portador do *desvalor da atitude interna* próprio dos fatos dolosos".[429]

No Brasil, adota-se a teoria da culpabilidade. Nessa, de conformidade com a teoria finalista da ação, "*a consciência e vontade do fato* constituem *o dolo*, como elemento subjetivo geral dos crimes dolosos; a *consciência da antijuridicidade* é o elemento especial da culpabilidade, como fundamento concreto do juízo de reprovação".[430] A distinção entre ambas as espécies de consciência – a do fato e a da antijuridicidade do fato – é que corresponde às espécies de erro: *o erro sobre o tipo* – como excludente do dolo – e o *erro de proibição* – como excludente ou redutor da reprovabilidade, "uma necessidade lógica da estrutura dos conceitos de dolo e de culpabilidade".[431]

3.4.2. As descriminantes putativas no Direito Penal

No que diz respeito ao conhecimento da ilicitude, a teoria da culpabilidade, vinculada à teoria finalista da ação, possui duas variantes: *a teoria rigorosa da culpabilidade e a teoria limitada da culpabilidade*. Para ambas, o dolo está no tipo e consciência da ilicitude, situa-se na culpabilidade, e, segundo Assis Toledo, "ambas apresentam o erro de tipo como causa de exclusão do dolo, admitindo, nessa hipótese, o crime culposo; ambas apresentam o erro de proibição inevitável como causa de exclusão da culpabilidade, sem possibilidade de punição, neste caso, por crime culposo".[432]

A divergência surge na aplicação de cada teoria em relação às descriminantes putativas. Para a teoria extremada ou estrita, todo erro sobre uma causa de justificação é erro de proibição, tendo as mesmas conseqüências, quer evitável, quer inevitável o erro. Para a teoria limitada, há que se distinguir: a) o erro que recai sobre os pressupostos fáticos de uma causa de justificação – tem-se o erro de

---

[428] JESCHECK; WEIGEND, op. cit., p. 499-500.

[429] Ibid., p. 499-500.

[430] SANTOS, 2005, p. 224-225.

[431] Ibid., p. 224-225.

[432] TOLEDO, 1994, p. 285.

tipo permissivo equivalente a erro de tipo – exclui o dolo; e b) o erro que recai sobre a existência ou os limites da causa de justificação – caracteriza-se como erro de proibição, excluindo a culpabilidade (se inevitável) ou atenuando a pena (se evitável).[433]

Hirsch sintetiza em dois os argumentos básicos usados pela doutrina dos elementos negativos do tipo penal: "a) as causas de justificação devem ser inclusas no tipo penal com o qual formariam parte do tipo penal; b) o erro sobre as condições ou requisitos da justificação é um erro de tipo, uma vez que se trata de um erro sobre as circunstâncias do fato". Entretanto para Hirsch tais argumentos não se sustentam. Para ele, as causas de justificação não pertencem ao tipo penal uma vez que norma penal e tipo penal não se confundem. Tipo penal pertence ao conceito material da estrutura do delito, e as causas de justificação estão fora do tipo penal. Em relação ao segundo argumento, Hirsch sustenta que se trata de equívoco entre tipo penal e fatos do delito:

> No caso de considerar cada erro sobre as circunstâncias ou fatos do delito verdadeiramente como um erro de tipo, o dolo também seria excluído quando o autor se encontre em um erro sobre as condições, as quais se referem a uma causa de exclusão da culpabilidade (§§ 52 e 54), uma causa pessoal de exclusão da culpabilidade, reincidência, uma condição objetiva da punibilidade, sua própria imputabilidade ou seu caráter como criminoso perigoso e contumaz.[434]

Ora, se, para a teoria limitada da culpabilidade, as descriminantes putativas excluem o dolo, quando versar sobre situação de fato, constituindo-se em erro de tipo, conforme o próprio Código Penal enquadra (§ 1º do art. 20), para os adeptos da teoria extremada da culpabilidade, as descriminantes putativas configuram erro de proibição. Aqui se situa a diferença fundamental entre as duas teorias, sem que a teoria "adotada" pela reforma de 1984, solucionasse o problema. E isso ressalta claro se se imaginar uma situação real de uma causa justificativa e não uma situação de um erro sobre uma causa de justificação. Na situação de uma causa de justificação real, o agente não teria excluído o dolo, mas teria excluída a ilicitude. Como, pois, o agente que pratica a ação, pressupondo estar em situação que a legitime, não sendo real tal situação, tenha excluído o dolo, se existente e real fosse, seria causa de exclusão da antijuridicidade? Não parece adequado, portanto, o entendimento de que seria erro de tipo, porquanto o dolo existe, tanto na legítima defesa real e na legítima defesa putativa, mas haveria, em ambas, uma situação a justificar a conduta do agente.

---

[433] TOLEDO, 1994, p. 286.
[434] Ibid., p. 273-274.

Essa posição encontra eco na lição de Luiz Flávio Gomes e de Bitencourt, ao criticarem a tese que sustenta a exclusão do dolo, e ao afirmar aquele, com base em Teresa Serra, de que "o erro de tipo permissivo vencível ou invencível não parece afetar o *dolo do tipo*, mas, sim, a *culpabilidade dolosa, unicamente*. No exemplo mais comum da legítima defesa putativa, o agente quando, v.g., dispara contra a vítima, o faz regularmente, ou com a intenção de lesar ou com a de matar; é inegável, portanto, que o dolo do tipo é de lesão corporal ou de homicídio". E adiante:

> nas descriminantes putativas o agente sabe perfeitamente o que faz (= sabe, por exemplo, que está atirando num outro ser humano); o que acontece, de peculiar, é que o agente age convicto ou na crença de que está fazendo algo excepcionalmente permitido pelo Direito. Ele pensa que está agindo de acordo com o Direito (= sabe da tipicidade mas não pensa na ilicitude, pelo contrário, crê na licitude de sua conduta). Não há nenhum erro do agente sobre os elementos objetivos do tipo incriminador ("matar alguém", há hipótese); o que há, na verdade, é sua crença de estar agindo "conforme o Direito"; ele não quer , em síntese, se colocar, com sua conduta concreta, em posição de antagonismo com o ordenamento jurídico; não há disposição de ânimo, concretizado na conduta, adverso ou indiferente ao Direito; pelo contrário, ele está crente de que "está realizando o Direito" . E isso deve implicar a exclusão da *culpabilidade dolosa*, tão-somente, não na exclusão do *dolo*, que permanece íntegro.[435]

É evidente que aquele que mata uma pessoa, sabe estar realizando uma conduta proibida (o tipo penal do artigo 121 do Código Penal), porquanto "os fundamentos de justificação não eliminam a adequação típica", na expressão de Welzel.[436] Se ele age em legítima defesa própria, o fato não deixaria de ser típico, mas não seria ilícita sua conduta. Ora, se a legítima defesa própria, real, afasta a ilicitude do comportamento do agente, mas não afasta a tipicidade, não se tem como entender que a legítima defesa putativa vá afastar o dolo que está no tipo. O fato de ele agir com culpa, no entendimento da presença dos elementos fáticos da legítima defesa, não faz com que o agente não tenha conhecimento de que sua conduta mataria o agressor, ou o pretenso agressor. Ou como diz Welzel, "não se exclui o dolo do fato pela aceitação errônea de um fundamento de justificação, mas somente o conhecimento da antijuridicidade".[437] Com razão afirma Luiz Flávio Gomes que o chamado erro de tipo permissivo é causa de isenção da pena, não de exclusão do dolo.[438] Excluir o dolo

---

[435] GOMES, 2001, p. 213-214.
[436] WELZEL, Hans. *Direito penal*. Tradução Afonso Celso Rezende. Campinas: Editora Romana, 2003, p. 254.
[437] Ibid.
[438] GOMES, 2001, p. 209.

e isentar de pena, segundo Bitencourt, não significam a mesma coisa,[439] daí por que afirma ele que a questão, para o direito brasileiro, é meramente acadêmica uma vez que, enquanto o artigo 20, *caput*, do Código Penal explicita que o erro de tipo exclui o dolo, ao tratar do erro de tipo permissivo, diz que ele *isenta de pena*, não sendo exagero afirmar-se que se trata de uma terceira espécie de erro.[440]

Para Muñoz Conde, o erro de tipo permissivo não é erro de tipo, conforme a jurisprudência. Para ele, equiparar a legítima defesa putativa com a real conduz a uma subjetivação da antijuridicidade incompatível com o caráter objetivo dela e pode produzir uma perigosa confusão entre antijuridicidade e culpabilidade.[441] Para ele, se o erro sobre uma causa de justificação fosse erro de tipo, não haveria possibilidade de haver legítima defesa contra o ato que agride baseado num equívoco, "nem seria punível a participação de um terceiro que, conhecendo o erro sobre os pressupostos das causas de justificação do autor principal, contribui de algum modo para seu fato" ou não se poderia punir a tentativa caso o resultado não ocorresse.[442] Por tais razões entende que o erro sobre as descriminantes putativas deve ser tratado como um problema de exclusão ou atenuação da culpabilidade.[443]

Há, pois, uma dificuldade quanto ao erro de tipo permissivo em relação ao erro de tipo e ao erro de proibição. Jescheck e Weigend apontam-no como erro *sui generis*, situado entre os dois: entre o erro de tipo e o erro de proibição. Observam:

> A similitude com o erro de tipo reside em sua *estrutura*: o erro de tipo permissivo também ser refere aos elementos (descritivos e normativos) de uma proposição jurídica. A semelhança com o erro de proibição indireto reside nas suas *repercussões*: o conhecimento do tipo permanece intacto e, portanto, a função da chamada deste surte plenos efeitos; simplesmente, o erro provoca, no autor, a crença de que a norma de proibição cede excepcionalmente diante da proposição permissiva.[444]

A adoção da teoria limitada da culpabilidade pelo Código Penal brasileiro soluciona uma série de questões conflitantes que surgiam com o *erro de fato e erro de direito*. Adotando uma teoria mais moderna, a Teoria Finalista da Ação, dando nova visão aos elementos do crime, nada melhor do que analisar o erro por este novo prisma. Daí a bifurcação do erro em erro de tipo e erro de proibição. Há, contudo,

---

[439] BITENCOURT, 1997, p. 369.

[440] Ibid., p. 368–369.

[441] MUÑOZ CONDE, 2003, p. 60.

[442] Ibid., p. 129.

[443] Ibid., p. 132.

[444] JESCHECK; WEINGEND, 2002, p. 497.

uma questão que não ficou bem resolvida com a Teoria Limitada da Culpabilidade: o erro sobre as descriminantes putativas. Não basta o autor do projeto de reforma referir que se adotou a Teoria Limitada da Culpabilidade e afirmar que é erro de tipo permissivo, que afasta o tipo penal, o dolo, porquanto a expressão usada pelo legislador é de que o erro sobre as descriminantes putativas *isenta de pena*, o que não significa afastamento do dolo. Admite o dolo, mas isenta de pena, afastando a culpabilidade e não a tipicidade. Na verdade, o legislador não adotou a mencionada teoria em sua plenitude. Aliás, nem há como se entender o erro sobre descriminantes putativas afastar o dolo, se a descriminante real não tem este condão. Estaria havendo duplicidade de aplicação de critérios, em que o equívoco teria maiores efeitos que a causa de justificação sem equívocos: a legítima defesa putativa afastaria o dolo, enquanto a legítima defesa real não poderia afastá-lo, quando o direito é claro no sentido de que a legítima defesa afasta a ilicitude da conduta, permanecendo o dolo. Portanto, com razão Jescheck e Weigend, ao apontarem como intermediário o erro de tipo permissivo, um erro *sui generis*. Ou, seguindo a lição de Hirsch, que se considere nem como erro de tipo nem como erro de proibição, mas como *uma questão da culpabilidade*, sendo que deveria ser trabalhado como uma categoria autônoma do erro.[445]

Mas, mesmo na situação das supostas causas de justificação, impõe-se o exame conforme o dever, porquanto, para Jescheck e Weigend, "quem, por um exame deficiente, aceita erroneamente, nestes casos, a concorrência dos pressupostos da causa de justificação, deve ser punido de acordo com o tipo doloso".[446]

3.4.3. As descriminantes putativas e o direito penal tributário

Em relação aos crimes tributários, o erro de tipo permissivo é incompatível com as descriminantes da legítima defesa putativa e o estrito cumprimento de um dever legal, por ser esta justificação exclusiva de funcionário público e por haver incompatibilidade fática da primeira. Não há como imaginar que o tributo possa agredir o contribuinte, apesar da voracidade tributária. Há incompatibilidade fático-jurídica. Mas, em relação às outras duas descriminantes, aplicam-se, em razão do princípio da igualdade, tanto aos criminosos do Código Penal, como aos da lei especial. Assim, poderia ocorrer somente com as descriminantes putativas do estado de necessidade

---

[445] JESCHECK; WEINGEND, 2002, p. 434 e p. 435.
[446] Ibid., p. 502.

e do exercício regular de um direito. O estado de necessidade, no exemplo já mencionado, de pagamento dos salários dos funcionários e o do pagamento do INSS, em que o administrador-contribuinte opta pelo pagamento dos salários em prejuízo do ente público. Já o exercício regular de um direito pode ocorrer na conduta de quem se julga, por erro, no exercício regular do direito de se creditar de valor de uma (s) determinada(s) operação(ões). E tal situação fática deverá ser analisada em concreto para se saber se o erro era vencível ou invencível, se o agente cumpriu com o dever de se informar ou não.[447] Se o agente, *espontaneamente ou por indicações de terceiros, por própria reflexão ou por leituras especializadas,* tem dúvidas, impõe-se tal dever. Se o agente, embora não tenha dúvidas, *mas saiba que se move num setor que está sujeito particularmente a regramento jurídico específico,* que é o tributário, é evidente que deve informar-se sobre dito regramento. Ou se o agente está ciente de que sua conduta ofende *a coletividade,* e o crime tributário retira da comunidade valor que lhe pertence e que deveria ser aplicado no bem comum, infringe o agente o dever de se informar, sendo erro vencível, não justificado pelas circunstâncias.

Em cada situação fática há que se ponderar as circunstâncias, sem olvidar o que Alonso Gonzalez diz:

> O erro vencível, aquele que pode cometer um cidadão que não tenha apreendido, em seu completo significado, as numerosas e mutantes normas tributárias que tem de cumprir, também há de ter relevância. De acordo com Ferreiro Lapatza, "qualquer reprovabilidade, ainda a título de simples negligência, a uma errônea aplicação de nosso confuso direito tributário está fora de lugar. Repetindo as palavras de Antolisei entendemos que está fora de dúvida que quem se equivoca sobre a lei e os regulamentos tributários não se lhe pode reprovar nem mesmo a mínima negligência".[448]

É claro que isto não significa que o agente que tem o dever de se informar, fica pura e simplesmente dispensado desse dever, quando a informação afastaria qualquer conduta criminosa.

3.4.4. *O erro provocado nas descriminantes putativas*

Se o erro invencível for causado por terceiro, somente este responde pelo delito (art. 20, § 2°). Exemplo: O agente foi convencido a *pregar uma peça* a outrem, vindo a ser morto por este (pretensa vítima) sob o pálio da legítima defesa putativa. Quem induziu respon-

---

[447] ROXIN, 1999, p. 885-886.

[448] ALONSO GONZALEZ, 1993, p. 217; FERREIRO LAPATZA, José Juan. *Curso de derecho financeiro español.* Madrid: Marcial Pons, 1991, p. 446; ANTOLISEI, F. *Manual de derecho penal.* Buenos Aires: 1960, p. 300.

derá por crime doloso se queria ou assumiu o risco de produzir o resultado ou por homicídio culposo se podia prevê-lo por saber, por exemplo, que o autor do homicídio costuma andar armado, ou seja, o terceiro pode agir com dolo ou culpa.

Na área tributária, o erro provocado por terceiro pode ocorrer em relação à aplicabilidade de um suposto estado de necessidade, quando terceiro induz o contribuinte a optar pela decisão que lhe seja mais favorável, mas inexiste o mencionado estado de necessidade, ou quando o empresário contrata uma consultoria para ver soluções para a crise existente na empresa, e os consultores, embora sabendo ser vedado pela norma, indicam uma pseudo-solução, convencendo-o de que tem direito a agir de uma determinada forma e de que tal conduta é legal, não o alertando das possíveis consequências.[449] Nos dois casos acima, há erro de proibição por parte do empresário, do assessorado, ou seja, ele agiu acreditando que sua conduta fosse lícita. No segundo caso, os consultores usam o erro para dar aspecto de eficiência à consultoria, com o objetivo de faturar mais. O erro, em tal caso, não afasta a responsabilidade penal dos consultores, uma vez que não há conhecimento equivocado do fato, nem há falsa percepção, mas o erro é provocado exatamente para a realização do tipo penal. Assim, semelhante erro não afasta a ilicitude do fato, antes, processualmente, constitui a prova da responsabilidade dos consultores pela prática do crime.

---

[449] Nesta última hipótese, a situação fática tem de ser complexa: deve conter certa dificuldade para o agente comum. Não há como alegá-la em caso que implique a prática de falsidade perceptível, porquanto esta é do conhecimento de qualquer cidadão ser vedada a sua prática.

Conclusão

A igualdade teve conceitos e interpretações, no decorrer do tempo, de conformidade com a evolução da mentalidade das sociedades. A expressão: "Todos são iguais perante a lei" chegou a ser considerada uma norma de ficção, inócua, dizendo respeito somente à abstratividade da norma. Contudo, aos poucos, foi evoluindo da idéia de que a igualdade era somente a prevalência da lei, uma igualdade formal e abstrata, para a proibição do arbítrio e da discriminação, chegando-se, aos tempos modernos, com a afirmação da igualdade material como efetividade da justiça.

A igualdade é, pois, uma prevalência da lei, quer na criação da lei, quer na aplicação da lei, é a proibição de discriminação, é um conceito relacional em que se estabelece uma comparação, sendo fundamental o *tertium comparationis*, é uma metanorma do dever-ser.

Nas democracias hodiernas, a igualdade apresenta-se como seu fundamento. Somente no exercício da cidadania, pelo voto, ela se apresenta de forma quase que absoluta. Fora desse momento, a igualdade é relativa, é *prima facie*. A lei surge como manifestação da vontade geral. Para a formação desta, o indivíduo manifesta-se. Dessa forma, evita-se a lei do mais forte.

Como os indivíduos são diferentes, a igualdade constitucional não proíbe que o legislador diferencie, mas, conforme Pérez Royo, exige *neutralidade legislativa*, vedando-se diferença legislativa arbitrária, desproporcionada. Do judiciário, exige-se a imparcialidade, como manifestação da vontade geral na aplicação da lei, ou seja, as decisões dos mesmos órgãos devem ser uniformes, a menos que haja uma razão forte para que um órgão altere sua posição. E, se o legislativo expressa a vontade geral, o executivo deve executar. Portanto, se a vontade geral, manifestação suprema da igualdade, expressa-se pelo legislativo por meio da lei, o executivo e o judiciário ficam norteados pela legalidade, dentro da idéia de que a lei representa a igualdade constitucional. A lei, contudo, não pode desrespeitar a igualdade constitucional. Se o fizer, pelo judiciário, há o controle difuso e abstrato da norma que ofenda o princípio da igualdade.

A igualdade perante a lei, expressa na Constituição, tem duplo enfoque: a igualdade na criação da lei e a igualdade na aplicação da lei. A igualdade perante a lei, embora, inicialmente, tivesse sido interpretada como a igualdade na aplicação da lei pelo juiz, dirige-se não só aos órgãos aplicadores do Direito (judiciário e executivo), mas também ao criador do Direito – o legislativo. Esse tem uma margem de discricionariedade, ou seja, encontra limite na discriminação: pode tratar de forma diferente, desde que não haja discriminação, ou seja, as normas devem ser gerais e não arbitrárias, não podendo ser utilizadas para estabelecer diferenças de tratamento entre pessoas ou para criar privilégios, v.g., os privilégios fiscais concedidos, no passado, à nobreza. O conteúdo da lei não pode criar desigualdades fáticas, a menos que haja desigualdade, e o tratamento desigual objetiva reequilibrar a igualdade que deve haver entre as pessoas.

Já a igualdade na aplicação da lei refere-se mais aos Poderes Executivo e Judiciário por serem eles os encarregados de aplicar a lei. A aplicação da lei deve ser igualitária e imparcial das normas, ficando proibidas as decisões judiciais discriminatórias. Não se pode, contudo, olvidar o princípio do livre-convencimento do juiz, especialmente considerando que, abstraindo a súmula vinculante, inexiste, no Brasil, o regime do precedente. Mas, se o juiz pode mudar seu posicionamento jurídico, isso não significa que possa fazê-lo de forma ausente de fundamentação. Por outro lado, o sistema legal brasileiro prevê, no resguardo de evitar decisões conflitantes, o recurso de uniformização de jurisprudência, o recurso especial com base em conflito de decisões de tribunais diferentes e, hoje, a edição da súmula vinculante do STF, objetivando-se tratar situações iguais da mesma forma.

Por sua vez, o executivo está vinculado à legalidade: *pas d'égalité dans l'illégalité*. É elementar em Direito Administrativo a regra de que o administrador público está adstrito ao princípio da legalidade. Isso decorre da concepção de que a lei é manifestação da vontade geral, e, como tal, cabe ao executivo somente aplicá-la. Se o legislativo não observou a igualdade na criação da lei, cabe ao judiciário afastar o ato administrativo com base na inconstitucionalidade do ato por ofensa ao direito fundamental da igualdade. Se a administração, contudo, anteriormente, agiu com ilegalidade, cabe a mudança de conduta na aplicação da lei: o abandono da ilegalidade é razão mais que suficiente para a mudança de tratamento.

A dicotomia igualdade formal e igualdade material, apesar de criticada, está estreitamente arraigada na doutrina. A igualdade formal, apresentada como igualdade jurídico-formal, dentro da concepção jusnaturalista, em contraposição com a igualdade jurídico-material, entendida como uma igualdade social, merece crítica, segundo Miranda,[450] porque a igualdade social decorre da igualdade jurídica na busca de seu conteúdo pleno.

A igualdade formal é a igualdade perante a lei, a igualdade jurídico-formal caracterizada pela generalidade e universalidade. Implica igualdade de tratamento na legislação e na aplicação do Direito, exigindo que, em situações iguais haja o mesmo tratamento e, em situações diferentes, haja tratamento diferenciado.

A igualdade material implica a assertiva de que aquilo que é igual deve ser tratado de forma igual. Veda-se tratamento desigual para fatos iguais. Assim, haveria infração ao princípio da igualdade quando o juiz tratar de forma igual aos desiguais e de forma desigual aos iguais. A igualdade material tem um sentido social, sendo a dignidade da pessoa humana o elemento fundamental.

A igualdade como relação fornece o mecanismo para se apurar se houve infração ao princípio da igualdade. Em primeiro lugar, como relação, implica a existência de uma comparação. Dois ou mais objetos ou seres são comparados sob determinado aspecto, ou seja, o termo de comparação – *tertium comparationis*, quer na configuração normativa, quer na aplicação da lei pelo judiciário – mesma decisão para casos idênticos ou similares – ou pelo executivo. Inicialmente, faz-se necessário identificar o termo de comparação. Contudo não basta a existência do termo de comparação, é necessário que ele seja idôneo para aquilo que se discute. E, se houver tratamento diferenciado, necessário é provar a razoabilidade e racionalidade da diferenciação: inexistindo pressupostos de fatos iguais, nem justificativa razoável, tem-se a diferenciação, e a racionalidade veda a arbitrariedade. Em segundo lugar, há que se fazer a análise da adequação – precisar as semelhanças e diferenças entre os elementos fáticos da comparação. Havendo semelhanças e diferenças, questiona-se se elas são relevantes. Há que se analisar as semelhanças e diferenças do termo de comparação, o qual deve ser aceito. E, em terceiro lugar, há a aceitação que consiste na análise dos elementos prescritivos relevantes: quais as razões que justificam um tratamento igual ou quais as razões que justificam um tratamento desigual – a finalidade, porquanto deve haver coerência entre as medidas adotadas e o fim perseguido.

---

[450] MIRANDA, 2000, p. 225.

Na verdade, a igualdade apresenta-se com grande expectro. Ela é considerada um valor superior, decorrente da Constituição, fundamentador de toda a interpretação jurídica. Ela é considerada um princípio. Segundo Alexy, as normas são regras e princípios. Nesse contexto, a igualdade é um princípio *prima facie*. E, também, é um direito fundamental – discurso postulativo -, que permite recorrer ao judiciário quando violado, buscando a tutela antidiscriminatória.

Modernamente, tem-se destacado a teoria da justiça junto com a teoria dos direitos fundamentais. Dentre os diversos autores, despontam Rawls, pela teoria da justiça, e Alexy, pela a teoria dos direitos fundamentais. Para Rawls, a igualdade possui dois princípios básicos: "1) cada pessoa deve ter um direito igual ao mais abrangente sistema de liberdades básicas iguais que seja compatível com um sistema semelhante de liberdades para as outras; e 2) as desigualdades sociais e econômicas devem ser ordenadas de tal modo que sejam ao mesmo tempo (a) consideradas vantajosas para todos dentro dos limites do razoável, e (b) vinculadas a posições e cargos acessíveis a todos".[451] Para Alexy, o princípio de que *todos são iguais perante a lei* não deve ser tratado como uma norma destinada unicamente à aplicação do direito, mas, também, na formulação do Direito. Seguindo o Tribunal Constitucional alemão, o legislador está proibido de ser arbitrário, ou seja, de tratar o igual desigualmente; o essencialmente igual, desigualmente e o essencialmente igual de forma arbitrária desigual. Noutras palavras, os iguais não significa que devam ter o mesmo tratamento, mas que está proibido o tratamento arbitrário. Aliás, para ele "somente existe a igualdade essencial se e somente se o tratamento desigual for arbitrário".[452] A arbitrariedade faz-se presente quando não se encontra uma justificação razoável ou compreensível para o tratamento desigual uma vez que "se há uma razão suficiente para ordenar um tratamento desigual então está ordenado um tratamento desigual".[453]

A igualdade de fato é um princípio e, como tal, é *prima facie*. Como as pessoas, de fato, são desiguais,[454] é possível um tratamento desigual *de iure* para objetivar uma igualdade de fato. Esta situa-se na esfera social, na distribuição de bens, podendo ser considerada como um subprincípio do princípio do Estado Social. Contudo não é uma cláusula de direito fundamental.

---

[451] RAWLS, 2002, p. 64.

[452] ALEXY, 2002, p. 391.

[453] Ibid., p. 397.

[454] Ferrajoli coloca a a igualdade como norma e a diferença como fatos (FERRAJOLI, 1999, p. 81).

A igualdade faz surgir direitos subjetivos de defesa – não pode haver ofensa arbitrária da igualdade *de iure*. Mas também há direitos de *status* positivo: direitos de igualdade definitivos abstatos – direito de ser tratado com igualdade quando inexiste razão para um tratamento desigual, bem como o direito de ser tratado desigulamente quando há uma razão suficiente para que haja um tratamento desigual – direitos de igualdade definitivos concretos – direito à omissão da intervenção ou da ação positiva quando afetado por uma proibição – e direitos de igualdade *prima facie* abstratos – direito à omissão de tratamento desigual (igualdade *de iure*) e direito a ações positivas do Estado (igualdade de fato*)*.

A igualdade aparece, também, no Direito Tributário. Foi ela a responsável pela abolição dos privilégios da nobreza e do clero, impondo-se os princípios da generalidade e da universalidade dos tributos. A igualdade apresenta-se como limite material da tributação, tendo como termo de comparação a capacidade contributiva, decorrendo daí que aqueles que têm a mesma capacidade contributiva sejam tratados igualmente e os que não têm a mesma capacidade contributiva sejam tratados diversamente. Nesse ponto, permite-se tratamento diverso em razão da capacidade contributiva diversa, a fim de dar efetividade à igualdade material.

Todos devem pagar tributos, i. é., todos que tenham condições de pagá-lo de conformidade com a capacidade contributiva. Esta, segundo Torres, contém quatro subprincípios: o da proporcionalidade; o da progressividade; o do seletividade; e o da personalização. Tais subprincípios justificam, v.g., que se tenha uma alíquota maior nos cigarros do que nos alimentos, aumento da alíquota do imposto de renda na medida em que o contribuinte tenha maior rendimentos, etc.

A Constituição consagra não só a igualdade formal dos tributos, como usa a tributação como instrumento de efetivação da igualdade material ao admitir *a* "concessão de incentivos fiscais destinados a promover o equilíbrio do desenvolvimento sócio-econômico entre as diferentes regiões do País" (art. 151, I), especialmente porque um dos objetivos fundamentais da República, além da erradicação da pobreza, é a redução das desigualdades sociais e regionais (art. 3, III). Contudo, em relação aos aspectos especificados no artigo 5°, na tributação, é vedado discriminar em razão de raça, cor, religião, profissão, [...].

Nas democracias modernas, a tributação exerce papel fundamental para que o Estado exerça ações positivas objetivando a igualdade material. Atua para reequilibrar as desigualdades sociais por meio de ações positivas.

Na esfera penal, está presente o princípio da igualdade, especialmente no devido processo em que se deve assegurar às partes tratamento igual. Todos devem ter o mesmo tratamento. O que não se permite é tratamento diverso por motivações arbitrárias. Por sua vez, deve haver valoração dos graus de participação para que a aplicação da pena seja conforme os graus normativos de participação, tratando-se desigualmente aos desiguais. A aplicação da pena implica romper com a liberdade, e seria desastroso que fosse rompida sem a observância da igualdade. Esse princípio deve ser observado não só na elaboração da lei, vedando-se a personalização, aplicando-se a pena conforme a culpabilidade de cada um.

No aspecto da generalidade, a lei penal tributária observa o princípio da igualdade, uma vez que se dirige a todo aquele que praticar a conduta descrita. Mesmo que não seja sujeito passivo da obrigação tributária, mas mero intermediário, desde que pratique a conduta, enquadrável está na norma.

A relevância do combate aos crimes tributários justifica-se pela relevância da ordem tributária na Constituição, como instrumento de efetivação da igualdade material pelo Estado, como pelo dever objetivo do Estado de agir para afastar a ocorrência do delito tributário, porquanto ele enseja ofensa ao princípio da igualdade na medida em que os crimes tributários possibilitam a concorrência desleal dos autores dos crimes em prejuízo dos demais contribuintes.

Mas a norma penal tributária estabelece algumas questões próprias. Entre elas, privilégios que não se dão aos outros infratores, v.g., a extinção da punibilidade pelo pagamento do tributo antes do recebimento da denúncia, uma vez que a reparação do dano, antes da denúncia, nos crimes comuns, é somente uma minorante (art. 16 do Código Penal). Há ofensa ao princípio da igualdade. A delação premiada, as majorantes do artigo 12, incisos I e II, atendem ao princípio da igualdade. A primeira, por estar estabelecida aos outros também. O segundo, porque as majorantes aí previstas têm justificativa razoável. E a pena pecuniária atende ao princípio da igualdade, porquanto ela não pode ter caráter de confisco, mas o infrator deve sentir sua imposição. Em razão disso, o aumento ou a redução possibilitados encontram similitude na capacidade contributiva do direito tributário.

Nos demais aspectos do Direito Penal Tributário, aplicam-se as normas gerais do Código Penal, a começar pela responsabilidade subjetiva do infrator, diferentemente do Direito Tributário. Não há nenhuma justificativa, por mais fraca que seja, para se admitir a responsabilidade objetiva aceita no Direito Tributário. A penalização das condutas, embora já previstas na parte especial do Direito Penal, não deixa de ser matéria penal, devendo todos serem tratados da mesma forma, a menos que haja uma justificativa razoável. Assim, mereceu atenção especial, entre todos os aspectos do Direito Penal, a questão do erro exatamente pela sua ausência ou pela pouca importância dada a ele.

Abordou-se, pois, o erro em suas diversas espécies, atendendo-se às circunstâncias específicas daqueles que têm o dever tributário de agir de determinada forma, de se informar ou de informar ou têm o dever de evitar o resultado. Tais circunstâncias são diferenciadoras, motivo por que não se entende da mesma forma o erro praticado por quem, circunstancial ou casualmente, teria um dever tributário e o erro de quem, v.g., tinha o dever de se informar. Tal aspecto, evidentemente, se reflete na interpretação do erro ser evitável ou inevitável, sem, com isso, se ofender o princípio da igualdade.

A teoria finalista da ação afastou a distinção entre erro de fato e erro de direito da teoria clássica. Inseriu a distinção entre erro de tipo e erro de proibição, sem, contudo, acabar com todas as dificuldades que a matéria envolve. Dentro da teoria finalista, ao se adotar a teoria da culpabilidade, distinguiu-se o conhecimento do fato do conhecimento da antijuridicidade do fato. A consciência e vontade do fato constituem o dolo, ao passo que o conhecimento da antijuridicidade do fato constitui elemento da culpabilidade. Daí que o erro de tipo exclui o dolo e consiste elemento *constitutivo* do tipo legal, e o erro de proibição exclui ou reduz a reprovabilidade porquanto o agente não tem consciência de que sua conduta seja proibida.

Como a lei penal tributária é uma lei penal em branco, importante é consignar que o erro extrapenal, relativo à legislação tributária, se existente, exclui o dolo. Mas se o agente erra quanto à existência de norma extrapenal, tal erro é de proibição, porquanto atinge o conhecimento de ser sua conduta proibida. A complexidade e proliferação das normas extrapenais tributárias ensejam uma maior presença do erro de tipo no erro penal tributário. Contudo tal posionamento deve ser analisado caso a caso para se saber se, nas circunstâncias existentes, houve erro ou não.

O erro de proibição, talvez, seja o mais ocorrente no Direito Penal Tributário. Como ele se fundamenta no juízo equivocado sobre a ilicitude do fato, em face da complexidade das normas tributárias, sua ocorrência é mais comum. Contudo a consciência da ilicitude é obtida pela reflexão e pela informação. E, na área tributária, as normas impõem a existência obrigatória do assessoramento contábil, além do dever de se informar sobre a conduta devida. Assim, se havia um motivo para refletir ou para o agente informar-se, mas não empreendeu nenhum esforço para assessorar-se ou seu esforço foi débil, é evidente que não há como sustentar a invencibilidade do erro. Entretanto, se ele envidou os esforços normais à espécie, se ele se informou (consultou um advogado) e obteve (do funcionário público ou do assessor, advogado ou não), embora equivocada, informação segundo a qual agiu, ou se agiu de acordo com o entendimento que predominava na jurisprudência e que, caso tivesse se informado, teria tido o mesmo comportamento, é evidente que ele agiu em erro de proibição, sendo seu erro invencível.

A doutrina classifica as normas jurídicas como normas de proibição ou mandamentais. Pela proibição, veda-se determinada ação. Na mandamental, é ordenada determinada conduta. Embora ela atribua aos delitos omissivos a infração de norma mandamental, na área penal tributária, difícil é fazer semelhante distinção, porquanto a redução ou a supressão do tributo se obtém mediante ação ou mediante omissão (omite-se o dever de registrar a operação...). Daí a dificuldade na ocorrência de erro de tipo.

Finalmente, sobre as descriminantes putativas, delas somente o estado de necessidade ou o exercício regular de um direito seriam aplicáveis aos crimes tributários. Não as admitir seria ofensa ao princípio da igualdade. Afasta-se, contudo, a interpretação de que o erro sobre as descriminantes putativas exclui o dolo, porquanto estar-se-ia dando efeito maior à descriminante putativa do que se dá à real. A situação fática é que vai indicar a existência de uma e de outra, e não a afirmação subjetiva do autor. Igualmente, as circunstâncias irão dizer se o erro era vencível ou invencível, sem deixar de ponderar a complexidade das normas tributárias.

Assim, as questões relativas ao erro penal aplicam-se aos crimes tributários. Não há nenhuma norma, justificada ou não, que afaste sua incidência. E, em face da complexidade das normas tributárias, é de todo aconselhável que tal aspecto seja levado à ponderação quando da análise das circunstâncias fáticas do caso concreto.

Referências

ALBUQUERQUE, Martim. *Da igualdade:* introdução à jurisprudência. Coimbra: Almedina, 1993.

ALEXY, Robert. *Constitucionalismo discursivo.* Tradução Luís Afonso Heck. Porto Alegre: Livraria do Advogado, 2007.

———. *Epílogo a la teoría de los derechos fundamentales.*Traducción de Carlos Bernal Pulido. Madrid: Centro de Estudios, 2004.

———. *Teoría de los derechos fundamentales.* Tradución Ernesto Garzón Valdés. Madrid: Centro de Estúdios Constitucionales, 2002.

ALONSO GONZALEZ, Luis Manuel. *Jurisprudência constitucional tributaria.* Madrid: Marcial Pons, 1993.

ANTOLISEI, F. *Manual de derecho penal.* Buenos Aires: 1960.

ATIENZA, Manuel. *El sentido del derecho.* Barcelona: Ariel, 2004.

ÁVILA, Humberto. *Sistema constitucional tributário.* São Paulo: Saraiva, 2004a.

———. *Teoria dos princípios:* da definição à aplicação dos princípios jurídicos. 4. ed. São Paulo: Malheiros, 2004b.

BACIGALUPO, Enrique. *Direito penal:* parte geral. São Paulo: Malheiros, 2005.

———. *Justicia penal y derechos fundamentales.* Madri: Marcial Pons, 2002a.

———. *Tipo y error.* 3. ed. Buenos Aires: Hammurabi, 2002b.

BANDEIRA DE MELLO, Celso Antônio. *Conteúdo jurídico do princípio de igualdade.* 3. ed. São Paulo: Malheiros, 2005.

BITENCOURT, Cezar Roberto. *Erro de tipo e erro de proibição:* uma análise comparativa. 4. ed. São Paulo: Saraiva, 2007.

———. *Manual de direito penal.* parte geral. 4 ed. São Paulo: Revista dos Tribunais, 1997.

BOBBIO, Norberto. *Igualdade e liberdade.* Tradução Carlos Nelson Coutinho Rio de Janeiro: Ediouro, 1996.

BUSTAMANTE, Thomas da Rosa. *Argumentação contra legem:* a teoria do discurso e a justificação jurídica nos casos mais difíceis. Rio de Janeiro: Renovar, 2005.

CALLEGARI, André Luiz. *Teoria geral do delito.* Porto Alegre: Livraria do Advogado, 2005.

CAMPOS, Francisco. *Direito constitucional.* Rio de Janeiro: Freitas Bastos, 1956. v. 2.

CANOTILHO, J.J. Gomes. *Direito constitucional.* Coimbra: Almedina, 1993.

CEPEDA E.. Manuel J. *Los derechos fundamentales en la constituición de 1991.* Santa Fé de Bogotá: Temis, 1997.

CERRI, Augusto. *L'egualianza nella giurisprudenza della corte constituzionale.* Milano, 1976.

COELHO, Walter. Erro de tipo e erro de proibição no novo Código Penal. In GIACOMUZZI, Wladimir (Org). *O direito penal e o novo Código Penal brasileiro.* Porto Alegre: Fabris, 1985.

————. *Teoria geral do crime*. Porto Alegre: Fabris e Escola Superior do Ministério Público, 1991. v. 1.

COSTA, José de Faria; SILVA, Marco Antonio Marques (Coord.). *direito penal especial, processo penal e direitos fundamentais*: visão luso-brasileira. São Paulo: Quartier Latin, 2006.

DIAS, Jorge Figueiredo. *Direito penal*: parte geral. Coimbra: Coimbra, 2004. v. 1: Questões Fundamentais. A doutrina geral do crime.

————. *O problema da consciência da ilicitude em direito penal*. Coimbra: Coimbra, 1995.

————. *Temas básicos da doutrina penal*. Coimbra: Coimbra, 2001.

————; ANDRADE, Manuel da Costa. O crime de fraude fiscal no novo direito penal português. In: SOUZA, Alfredo José de e outros. *Direito penal econômico e europeu*: textos doutrinários. Coimbra: Coimbra, 1999. v.2: problemas especiais.

DWORKIN, Ronald. *A virtude soberana*: a teoria e a prática da igualdade. São Paulo: Martins Fontes, 2005.

————. *Levando os direitos a sério*. São Paulo: Martins Fontes, 2002.

ERBELA, Marcelo Augusto Custódio. A legitimação do direito processual penal no estado democrático do direito. In: COSTA, José de Faria; SILVA, Marco Antonio Marques (Coord.). *Direito penal especial, processo penal e direitos fundamentais*: visão luso-brasileira. São Paulo: Quartier Latin, 2006.

FERNÁNDEZ, Encarnación. *Igualdad y derechos humanos*. Madrid: Tecnos, 2003.

FERRAJOLI, Luigi. *Derechos y garantías*: la ley del más débil. Madri: Trotta, 1999.

————. *Direito e razão*: teoria do garantismo penal. Tradução Fauzi Hassan Choukr. São Paulo: Revista dos Tribunais, 2002.

FERREIRO LAPATZA, José Juan. *Curso de derecho financiero español*. Madrid: Marcial Pons, 1991.

FLORES MENDOZA, Fátima. *El error sobre las circunstancias modificativas de la responsabilidad criminal en el ordenamiento jurídico español*. Granada: Editorial Comares, 2004.

FRAGOSO, Heleno Claudio. *Lições de direito penal*. a nova parte geral. Rio de Janeiro: Forense, 1985.

FRISCH, Wolfgang. El error como causa de esclusión del injusto y/o como causa de exclusion de la culpabilidad. In: EL ERROR em el derecho penal. Buenos Aires: Ad-hoc, 1999.

GARCIA, Maria Gloria F. P. D. *Estudos sobre o princípio da igualdade*. Coimbra: Almedina, 2005.

GARIBALDI, Gustavo E.L.; PITLEVNIK, Leonardo G. *Error y delito*. Buenos Aires: Hammurabi – Depalma, 1995.

GAVARA DE CARA, Juan Carlos. *Contenido y función del término de comparación en la aplicación del princípio de igualdad*. Cizur Menor (Navarra): Aranzadi, 2005.

GOMES, Luiz Flávio. *Erro de tipo e erro de proibição*. São Paulo: Revista dos Tribunais, 2001.

GRUPENMACHER, Betina Treiger. Justiça fiscal e mínimo existencial. In: PIRES, Adilson Rodrigues; TORRES, Heleno Taveira (Org.). *Princípios de direito financeiro e tributário*: estudos em homenagem ao Professor Ricardo Lobo Torres. Rio de Janeiro: Renovar, 2006.

HASSEMER, Winfried. *Introdução aos fundamentos do direito penal*. Tradução Pablo Rodrigo A. da Silva. Porto Alegre: Fabris, 2005.

HESSE, Konrad. *Elementos de direito constitucional da República Federal da Alemanha*. Tradução Luís Afonso Heck.Porto Alegre: Fabris, 1998.

HIRSCH, Hans Joachim. *Derecho penal*: obras completas. Traducción Dirk Styma. Buenos Aires: Rubinzal-Culzoni, 2005. v. 4: La doctrina de los elementos negativos del tipo penal. El error sobre las causas de justificación.

HUNGRIA, Nelson. *Comentários ao Código Penal*. Rio de Janeiro: Forense, 1971. v.1, t.1.

JACOBS, Günther. *Derecho penal*: parte general. 2. ed. Madri: Marcial Pons, 1997.

JACQUES, Paulino. *Da igualdade perante a lei:* fundamentos, conceito e conteúdo. 2. ed. Rio de Janeiro: Forense, 1957.

JESCHECK, Hans-Heinrich; WEIGEND, Thomas. *Tratado de derecho penal:* parte general. Tradução Miguel Olmedo Cardenete. 5. ed. Granada: Comares, 2002.

JOUANJAN, Olivier. *Le principe d'égalité devant la loi en droit allemand.* Paris: Economica, 1992.

KAUFMANN, Armin. *Dogmática de los delitos de omisión.* Madri: Marcial Pons, 2006.

KELSEN, Hans. *Jurisdição constitucional.* São Paulo: Martins Fontes, 2003.

_____. *Teoria pura do direito.* 3. ed. Coimbra: Armênio Amado, 1974.

KOLM, Serge-Cristophe. *Teorias modernas da Justiça.* São Paulo: Martins Fontes, 2000.

LOPES, Maurício Antonio Ribeiro. *Princípios políticos do direito penal.* 2. ed. São Paulo: Revista dos Tribunais, 1999.

LOVATTO, Alecio Adão. *Crimes tributários.* 2. ed. Porto Alegre: Livraria do Advogado, 2002.

LUISI, Luiz. *O tipo penal, a teoria finalista e a nova legislação penal.* Porto Alegre: Fabris, 1987.

MAIWALD, Manfred. *Conocimiento del ilícito y dolo en el derecho penal tributario.* Traducción Marcelo A. Scinetti. Buenos Aires: Ad Hoc, 1997.

MARTÍNEZ TAPIA, Ramón. *Igualdad y razonabilidad en la justicia constitucional española.* Almería: Universidad de Almería, 2000.

MIR PUIG, Santiago. *Derecho penal:* parte general. 7. ed. Barcelona: Editorial Reppertor, 2005.

MIRANDA, Jorge. *Manual de direito constitucional.* 3. ed. Coimbra: Coimbra, 2000. v. 4: Direitos fundamentais.

MUNHOZ NETTO, Alcides. *A ignorância da antijuridicidade em matéria penal.* Rio de Janeiro: 1978.

MUÑOZ CONDE, Francisco. *El error en derecho penal.* Santa Fé: Rubinzal-Culzoni, 2003.

NABAIS, José Casalta. *O dever fundamental de pagar impostos.* Coimbra: Almedina, 2004.

OST, François. *Sade et la loi.* Paris: Odile Jacob, 2005.

PALAZZO, Francesco C. *Valores constitucionais e direito penal.* Tradução Gérson Pereira dos Santos. Porto Alegre: Fabris, 1989.

PERDOMO TORRES, Jorge Fernando. *La problemática de la posición de garante en los delitos de comisión por omisión.* Bogotá: Ed. Universidade Externado de Colombia, Centro de Investigaciones de Derecho Penal y Filosofía del Derecho, 2001.

PÉREZ LUÑO, Antonio Enrique. *Dimensiones de la igualdad.* Madrid: Dykinson, 2005.

PÉREZ ROYO, Javier. *Curso de derecho constitucional.* 10. ed. rev. e atual. por Manuel Carrasco Durán. Madrid: Marcial Pons, 2005.

PIRES, Adilson Rodrigues; TORRES, Heleno Taveira (Org.). *Princípios de direito financeiro e tributário:* Estudos em homenagem ao Professor Ricardo Lobo Torres. Rio de Janeiro: Renovar, 2006.

PUPPE, Ingeborg. *A distinção entre dolo e culpa.* Tradução e notas de Luís Greco. Barueri (SP): Manole, 2004.

_____. Error de hecho, error de derecho, error de subsunción. In: FRISCH, Wolfang *et al. El error en el derecho penal.* Buenos Aires: Ad-Hoc, 1999.

RAWLS, John. *Uma teoria da Justiça.* São Paulo: Martins Fontes, 2002.

ROXIN, Claus. *Derecho penal:* parte general. Traducción da 2. ed. alemã, Diego-Manuel Luzón Pena. Madri: Civitas, 1999. v. 1.

SÁNCHEZ-VERA GÓMEZ-TRELLES, Javier. *Delito de infracción de deber y participación delictiva.* Madrid: Marcial Pons, 2002.

SANTOS, Juarez Cirino dos. *Direito penal:* parte geral. Curitiba: ICPC – Lúmen Júris, 2006.

_____. *A moderna teoria do fato punível.* 4. ed. Curitiba: ICPC – Lúmen Júris, 2005.

SARLET, Ingo Wolfgang. Constituição e proporcionalidade: o direito penal e os direitos fundamentais entre proibição de excesso e de insuficiência. *Revista da AJURIS*, Porto Alegre, v. 97, p. 105-149, 2005.

――――. *A eficácia dos direitos fundamentais.* 5 ed. Porto Alegre: Livraria do Advogado, 2005.

SEOANE SPIELGELBERG, José Luis . El delito de defraudación tributária. In: GARCÍA NOVOA, César; LÓPEZ DÍAZ, Antonio (Coord.) *Temas de derecho penal tributario.* Madrid: Marcial Pons, 2000.

SERRA, Teresa. *Problemática do erro sobre a ilicitude.* Coimbra: Almedina, 1991.

SILVA SÁNCHEZ, Jesús-María. *El nuevo escenario del delito fiscal em España.* Barcelona: Atelier Libros Juridicos, 2005.

SOUZA, Alfredo José de et al. *Direito penal econômico e europeu:* textos doutrinários. Coimbra: Coimbra, 1999. v. 2: Problemas especiais.

STRECK, Lenio Luiz. A dupla face do princípio da proporcionalidade: da proibição de excesso (*übermmassberbot*) à proibição de proteção deficiente (*untermassverbot*) ou de como não há blindagem contra normas penais inconstitucionais. *Revista da AJURIS*, Porto Alegre, v. 97, p. , 2005.

――――. *Verdade e consenso:* constituição, hermenêutica e teorias discursivas. Rio de Janeiro: Lumen Juris, 2006.

TERRADILLOS BASOCO, Juan. *Derecho penal de la empresa.* Madri: Trotta, 1995.

TOLEDO, Francisco de Assis. *Ilicitude penal e causas de sua exclusão.* Rio de Janeiro: Forense, 1984.

――――. *Princípios básicos de direito penal.* São Paulo: Saraiva, 1994.

TORRES, Ricardo Lobo. *Tratado de direito constitucional financeiro e tributário.* Rio de Janeiro: Renovar, 1999.

TRAPERO BAARREALES, María A. *Los elementos subjetivos en las causas de justificación y de atipicidad penal.* Granada: Editorial Comares, 2000.

VIEIRA DE ANDRADE, José Carlos. *Os direitos fundamentais na Constituição Portuguesa de 1976.* 3. ed. Coimbra: Almedina, 2004.

VILLEGAS, Héctor B. *Régimen penal tributario argentino.* Buenos Aires: Depalma, 1995.

VITRÒ, Silvia. *L'errore nel diritto penale tributario.* Milano: Cedam, 1995.

WELZEL, Hans. *Derecho penal aleman.* parte general. 11.ed. Traducción Juan Bustos Ramírez y Sergio Yáñez. Santiago: Editorial Juridica de Chile, 1993.

――――. *Direito penal.* Tradução Afonso Celso Rezende. Campinas: Editora Romana, 2003.

――――. *O novo sistema jurídico-penal:* uma introdução à doutrina da ação finalista. Tradução e notas de Luiz Regis Prado. São Paulo: Revista dos Tribunais, 2001.

WESSELS, Johannes. *Direito penal:* parte geral. Porto Alegre: Fabris, 1976.

WESTEN, Peter. The empty idea of equality. *Havard Law Review*, v. 95, n. 3, 1982.

XAVIER, Cecília. *A proibição da aplicação analógica da lei fiscal no âmbito do estado social de direito.* Coimbra: Almedina, 2006.

ZAFFARONI, Eugenio Raúl; PIERANGELI, José Henrique. *Manual de direito penal brasileiro.* 6 ed. São Paulo: Revista dos Tribunais, 2006. v.1: parte geral.

Impressão:
Evangraf
Rua Waldomiro Schapke, 77 - P. Alegre, RS
Fone: (51) 3336.2466 - Fax: (51) 3336.0422
E-mail: evangraf.adm@terra.com.br